Kotor, Monténégro

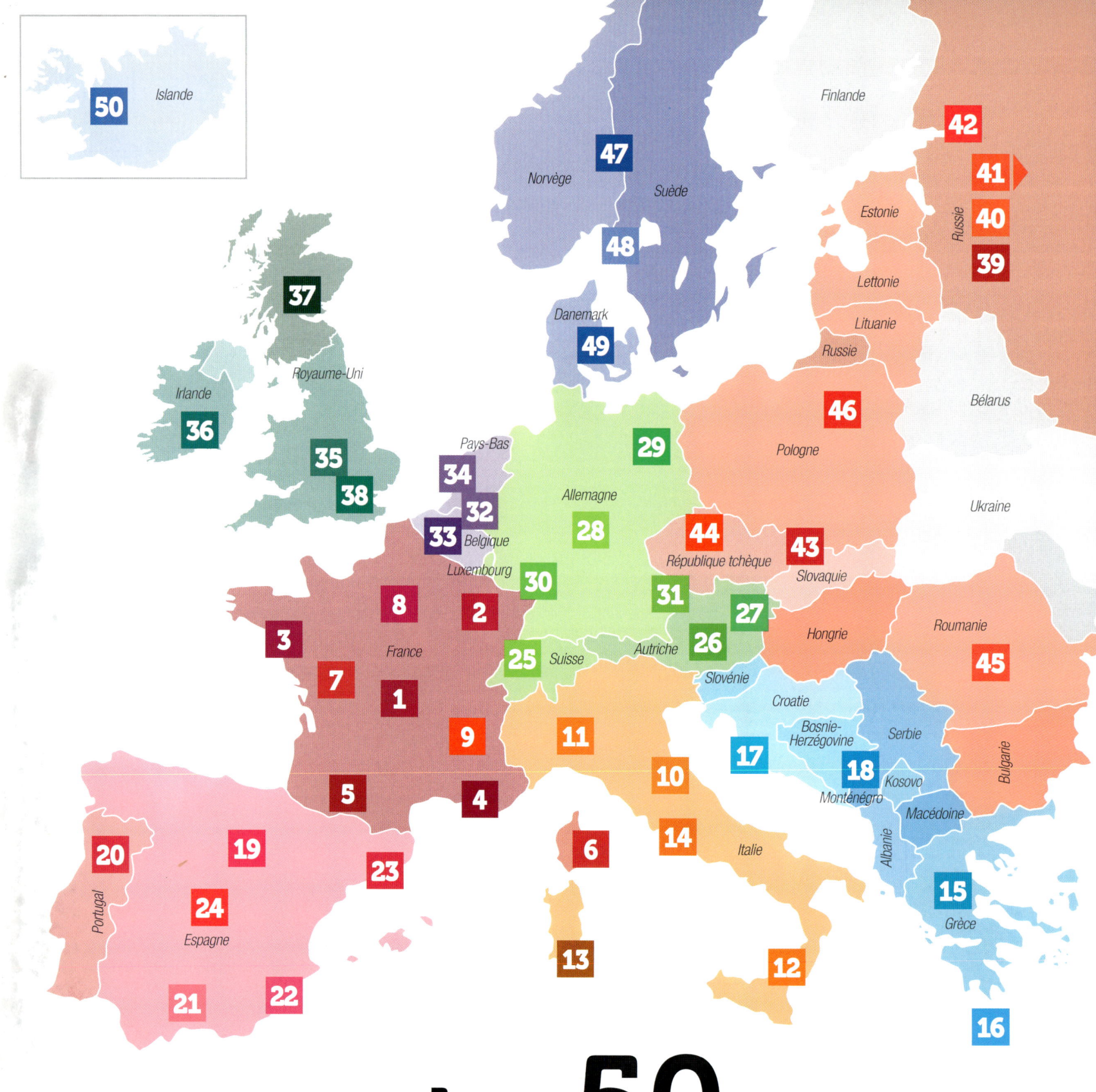

Les 50 itinéraires

La France p. 13

1. Un grand tour de France p. 14
2. La Champagne, l'Alsace et la Bourgogne p. 18
3. Le Grand Ouest p. 22
4. La Provence et la Côte d'Azur p. 26
5. Le sud-ouest de la France et Barcelone p. 30
6. La Corse p. 34
7. Les vignobles de France p. 36
8. Escapade à Paris p. 40
9. Le sud de la France au fil de l'eau p. 42

L'Italie p. 47

10. L'Italie classique p. 48
11. Saveurs d'Italie et le Ticino p. 52
12. L'Italie du Sud et la Sicile p. 56
13. La Sardaigne p. 60
14. Escapade à Rome p. 62

La Grèce et les Balkans p. 65

15. Un grand tour de Grèce p. 66
16. La Grèce d'île en île p. 70
17. La côte Adriatique p. 74
18. À la découverte des Balkans p. 78

L'Espagne et le Portugal p. 83

19. Un grand tour d'Espagne p. 84
20. Un grand tour du Portugal p. 88
21. L'Andalousie p. 92
22. De Barcelone à Málaga p. 96
23. Escapade à Barcelone p. 98
24. Escapade à Madrid p. 100

La Suisse, l'Allemagne et l'Autriche p. 103

25. Mosaïque suisse p. 104
26. Un grand tour d'Autriche p. 108
27. Escapade à Vienne p. 112
28. Un grand tour d'Allemagne p. 114
29. Escapade à Berlin p. 118
30. Le Rhin romantique p. 120
31. Merveilleuse vallée du Danube p. 124

La Belgique et les Pays-Bas p. 129

32. Un grand tour des Pays-Bas et de la Belgique p. 130
33. Escapade à Bruxelles p. 134
34. Escapade à Amsterdam p. 136

Les îles Britanniques p. 139

35. L'Angleterre en fleurs p. 140
36. Verte Irlande p. 144
37. Merveilles d'Écosse p. 148
38. Escapade à Londres p. 152

La Russie et l'est de l'Europe p. 155

39. Trésors de Russie p. 156
40. La Russie par ses fleuves p. 160
41. Escapade à Moscou p. 164
42. Escapade à Saint-Pétersbourg p. 166
43. Au cœur de l'Europe de l'Est p. 168
44. Escapade à Prague p. 172
45. La Bulgarie, la Roumanie et la Hongrie p. 174
46. La Pologne et les pays baltes p. 178

Le nord de l'Europe p. 183

47. Au cœur de la Scandinavie p. 184
48. L'Express scandinave p. 188
49. Le Danemark p. 192
50. Joyaux d'Islande p. 196

Calanques de Cassis, France

Préface

Bien des raisons amènent les voyageurs à choisir l'Europe comme destination. L'exceptionnelle richesse culturelle et historique de ce coin du monde suffit à en convaincre plus d'un de parcourir des centaines de kilomètres. D'autres se laissent plutôt séduire par l'art de vivre propre à chaque pays, voire à chaque région ; pour eux, les grands vins, les bons fromages, les gastronomies régionales et tous les autres trésors du terroir justifient à eux seuls le voyage. D'autres encore sont envoûtés par les paysages d'Europe, si variés et souvent si spectaculaires. Mais avouons-le, c'est un peu tout cela mis ensemble qui rend l'Europe si irrésistible, qui en fait une destination de rêve.

Quelles que soient vos motivations, les pays d'Europe vous réservent des expériences inoubliables. Mais il y a tant à voir et tant à faire que bien des voyageurs se demandent par où commencer. Quant à ceux qui ont déjà goûté aux plaisirs européens, il leur arrive de chercher de nouvelles idées pour pousser plus loin leur exploration lors d'un prochain périple. Les pages qui suivent vous réservent 50 idées de voyages, 50 circuits extraordinaires remplis de moments de grâce, bref, **50 itinéraires de rêve en Europe**.

Afin de réaliser cet ouvrage, nous avons fait appel à l'équipe du voyagiste Tours Chanteclerc, dont l'expertise en matière de conception de circuits en Europe n'est plus à démontrer. Le savoir-faire de ces professionnels, eux-mêmes des passionnés de l'Europe et de grands voyageurs, a ainsi été mis à contribution dans l'élaboration des itinéraires figurant dans ce livre. Vous retrouverez d'ailleurs au fil de ses pages des capsules dans lesquelles les guides accompagnateurs, qui ont pour mission presque quotidienne de faire découvrir les merveilles de l'Europe à des visiteurs souvent éblouis, partagent leurs coups de cœur personnels.

Trois types de circuits composent ces 50 itinéraires de rêve. Il y a tout d'abord les **grands circuits**, qui vous conduisent d'une ville à une autre, d'une région à une autre, et même parfois d'un pays à un autre. Puis, il y a les **escapades urbaines** de quelques jours dans les plus grandes capitales ou métropoles européennes. Et finalement, il y a les **circuits fluviaux**, une façon différente de découvrir certaines parties d'Europe.

L'objectif de cet ouvrage est de vous inspirer en vue d'un séjour prochain... ou plus lointain en Europe. Les circuits que nous vous présentons doivent ainsi être vus comme autant de propositions de base, que vous pourrez remodeler à votre guise. Suivre un itinéraire en sens inverse, choisir un autre point de départ que celui indiqué, combiner deux circuits en un seul voyage, allonger le temps consacré à une étape, rien de cela n'est défendu et toutes les libertés vous sont permises.

Bon voyage !

Paysage typique de Toscane, Italie

Villeneuve-lès-Avignon

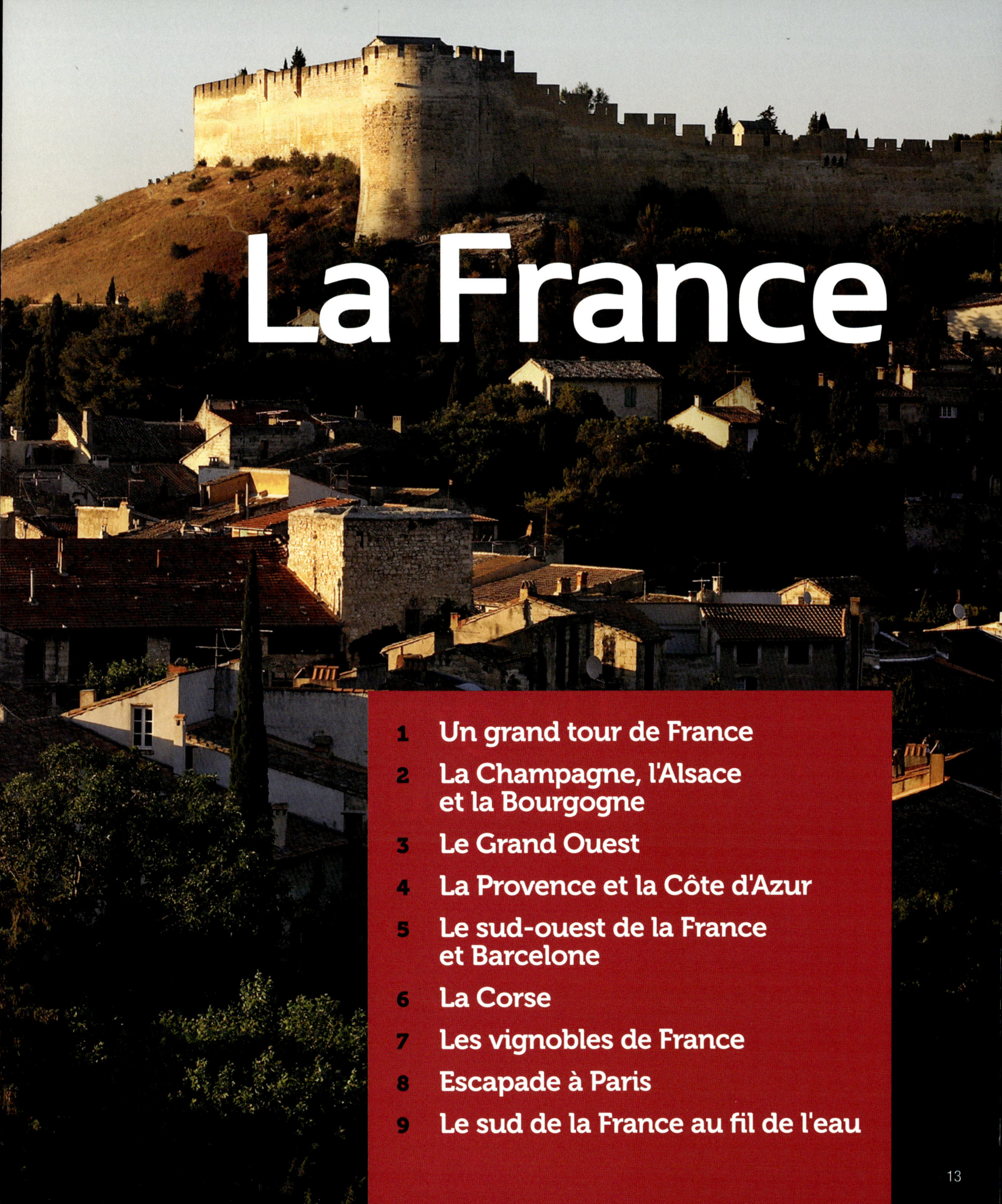

La France

1. Un grand tour de France
2. La Champagne, l'Alsace et la Bourgogne
3. Le Grand Ouest
4. La Provence et la Côte d'Azur
5. Le sud-ouest de la France et Barcelone
6. La Corse
7. Les vignobles de France
8. Escapade à Paris
9. Le sud de la France au fil de l'eau

1

Carcassonne

▶ **14 jours**
▶ Boucle au départ de **Paris**

Pour qui ? Pourquoi ?

Les voyageurs qui en sont à leur premier séjour en France apprécieront particulièrement ce tour d'horizon qui permet de découvrir l'extraordinaire diversité de ce pays.

Inoubliable…

▶ *Savourer les accents chantants du Midi.*
▶ *Découvrir les fortifications de Carcassonne, véritable décor de cinéma.*
▶ *Déguster un bon vin dans le Bordelais.*
▶ *Apercevoir le Mont-Saint-Michel qui se profile à l'horizon.*
▶ *S'émerveiller à Paris, pour l'ensemble de son œuvre.*

La France

Un grand tour de France

La France, si riche en histoire, culture, architecture et paysages, charme des millions de visiteurs chaque année. Si Paris brille d'un éclat tout particulier, les autres régions françaises ne manquent pas d'atours pour vous séduire tout autant. Ce circuit a pour but de présenter l'incomparable diversité des villes et régions françaises. Arrêts dans des vignobles, visites de châteaux, de forteresses et d'autres hauts lieux de l'histoire, balades dans les vieilles villes de Lyon, Nice, Marseille et Saint-Malo, pauses *shopping* ou gastronomie, l'art de vivre à la française ne semble connaître aucune limite.

Un grand tour de France

Notre-Dame de Paris

Votre guide : Bernard Hahusseau *(voir p. 201)*

Son coup de cœur : *Le château de Chambord*

De toutes les visites possibles, Chambord reste peut-être la plus étrangement envoûtante, moins encore par son histoire que par le mystère et la magie qui s'en dégagent. On y alterne constamment des faits réels qui s'y déroulèrent aux rêves les plus invraisemblables qui en émanent, tel cet incroyable escalier que deux personnes peuvent monter et descendre simultanément sans se croiser (!). Personne ne s'étonnera alors que ce monde stupéfiant de pierres et d'ardoises pointant ses cheminées vers le ciel soit un haut lieu classé par l'UNESCO.

Itinéraire

Jour 1
Paris – Reims 150 km

En route vers Reims, liée aux noms des grands champagnes que vous aurez l'occasion de connaître lors de la visite d'une cave en fin d'après-midi. Les indications pour les repérer sont nombreuses dans toute la ville. Profitez-en pour déguster cette spécialité de la capitale champenoise.

Jour 2
Reims – Dijon – Lyon 490 km

Départ pour Dijon, cité des grands ducs. Visitez celle qui conserve le charme élégant des villes parlementaires : l'église Saint-Michel, le palais des Ducs, la cathédrale Saint-Bénigne... Puis, par la vallée du Rhône, vous atteindrez Lyon, ancienne capitale de la soie.

Jour 3
Lyon

La découverte de Lyon vous amènera de la place Bellecour à la colline de Fourvière qui domine la ville. En après-midi, selon vos goûts, visitez un atelier de soierie ou dirigez-vous vers le Beaujolais, où se succèdent vignobles, pâturages et forêts, en incluant la visite du Hameau du vin, un « œnoparc » où vous pourrez déguster le fameux beaujolais.

Jour 4
Lyon – Avignon – Aix-en Provence – Nice 490 km

Ce matin, vous gagnerez Avignon pour découvrir cette ancienne cité des Papes : les jardins des Doms, le palais des Papes et le pont Saint-Bénézet, rendu célèbre par la fameuse chanson *Sur le pont d'Avignon*. Après une halte à Aix-en-Provence, ville natale de Cézanne, vous atteindrez Nice, merveilleusement située au cœur de la baie des Anges.

Jour 5
Nice et ses environs 120 km

En matinée, vous traverserez l'arrière-pays niçois pour vous rendre à Grasse, capitale mondiale des parfums. Visitez la parfumerie Fragonard avant de continuer vers Saint-Paul-de-Vence, charmante petite ville fortifiée. En après-midi, visite à pied de la vieille ville incluant le cours Saleya, principale voie piétonne du Vieux-Nice, ou petite excursion à la principauté de Monaco, proche voisine.

La France

1

Aix-en-Provence

La France

Vignoble du Bordelais

Bistro à Toulouse

Jour 6
Nice – Toulon – Marseille 220 km

Dirigez-vous vers Toulon par la côte de l'Estérel, qui dresse ses pyramides et ses aiguilles rouges au-dessus d'une mer qui par contraste n'en paraît que plus bleue, pour atteindre Marseille à l'accent chantant. Visite de la ville : la célèbre Canebière et ses cafés animés, le Vieux-Port, l'hôtel de ville et la fameuse « Bonne Mère », la basilique Notre-Dame-de-la-Garde.

Jour 7
Marseille – Carcassonne – Toulouse 420 km

Départ pour Carcassonne, ensemble exceptionnel de fortifications médiévales que vous découvrirez à pied : le pont-levis, l'échauguette, le donjon. Puis, poursuivez vers la « Ville Rose » : Toulouse. Le soir venu, profitez-en pour déguster un cassoulet, célèbre spécialité locale. Un verre de madiran peut-être ?

Jour 8
Toulouse – Bordeaux 280 km

Le matin, visite de Toulouse : le Capitole, la basilique Saint-Sernin, l'église des Jacobins. En route ensuite vers la région du Bordelais. Vers midi, permettez-vous une petite dégustation d'un de ses grands crus. Puis, vous gagnerez Bordeaux. À ne pas manquer : la place de la Bourse, la place du Parlement et le monument aux Girondins. Et pourquoi ne pas continuer votre dégustation des grands crus de la région ?…

Jour 9
Bordeaux – Brouage – La Rochelle – Tours 450 km

Départ pour Brouage, qui a vu naître Samuel de Champlain, puis La Rochelle. Vous serez charmé par son vieux port fortifié, ses rues bordées d'arcades, ses maisons de bois et son hôtel de ville. Vous gagnerez ensuite Tours en passant par Poitiers.

Jour 10
Tours : les châteaux de la Loire 200 km

Promenez-vous dans Tours avant de visiter le château de Chenonceau, surnommé le « château des six femmes ». De là, vous

Un grand tour de France

Mont-Saint-Michel

rejoindrez Blois, au charme tranquille. En après-midi, visitez le château de Chambord, le plus vaste des châteaux de la Loire avec, notamment, ses 365 cheminées !

Jour 11
Tours – Saint-Malo – Mont-Saint-Michel
370 km

En route vers Saint-Malo, ville natale de Jacques Cartier. Visite à pied pour y découvrir la vieille ville avec ses remparts et son Grand Donjon. Passez la nuit à Saint-Malo ou poussez jusqu'au Mont-Saint-Michel.

Jour 12
Mont-Saint-Michel – Caen **220 km**

Découverte du Mont-Saint-Michel, qui se dresse au milieu d'immenses bancs de sable, et visite de l'abbaye, dont les origines remontent au début du VIIIe siècle. Départ ensuite pour la Normandie et arrivée à Caen, ville qui fut choyée par Guillaume le Conquérant.

Jour 13
Caen – Paris **240 km**

Ce matin, départ pour Paris, l'éblouissante capitale de la France. À voir dans cette ville grandiose : la place Vendôme, les Champs-Élysées, l'Arc de triomphe, la tour Eiffel... ou flânez tout simplement sur les bords de la Seine.

Jour 14
Paris

Selon vos goûts, vos forces et... vos moyens, choisissez le lèche-vitrine, la découverte des bouquinistes le long des quais de la Seine, la visite des musées ou, de nouveau, le simple plaisir de flâner dans cette ville où il fait bon se perdre. Vous pouvez aussi choisir de faire une excursion jusqu'à Versailles, incroyable résidence du Roi-Soleil !

La France à la carte

République de France

Capitale Paris

Langue officielle français

Religion catholicisme (60% de la population)

Un plat des quenelles à la lyonnaise sauce béchamel (boulettes de céréales, farcies le plus souvent au brochet)

Un artiste Antoine de Saint-Exupéry, homme de lettres et de sciences originaire de Lyon, célèbre pour son conte *Le Petit Prince*

Un air de musique *Douce France* de Charles Trenet

2

La France

▶ **8 jours**

▶ Boucle au départ de **Paris**

Pour qui ? Pourquoi ?

Les amateurs de bons vins et de champagnes prendront bien sûr un grand plaisir à sillonner ces régions mythiques, mais ceux qui s'intéressent à l'histoire et à l'architecture ne seront pas en reste.

Inoubliable…

▶ *Déguster un vin d'exception dans l'un des domaines de la région !*

▶ *Savourer une authentique choucroute alsacienne.*

▶ *Découvrir le quartier de la Petite France à Strasbourg avec ses magnifiques maisons à colombages.*

La Champagne, l'Alsace et la Bourgogne

La France livre certains de ses secrets les mieux gardés dans ce circuit régional et pittoresque à la découverte des charmes de la Champagne, des beautés et de la douceur de vivre en Alsace, ainsi que de la Bourgogne et tout son raffinement. De plus, la région possède un patrimoine religieux unique et impressionnant, une architecture faisant voyager du Moyen Âge à la Renaissance ainsi qu'une foule de sites naturels encore préservés. Laissez-vous charmer par cette France authentique et accueillante tout en dégustant des crus locaux !

Kaysersberg

Basilique Sainte-Madeleine, Vézelay

Itinéraire

Jour 1

Paris – Reims 150 km

En route vers Reims, liée aux noms des grands champagnes que vous aurez l'occasion de connaître davantage grâce à la visite d'une cave au cours de laquelle une dégustation est toujours prévue. Les caves sont bien indiquées dans toute la ville. Choisissez votre cru préféré !

Jour 2

Reims –Strasbourg
340 km

Faites route vers Verdun, puis Metz, capitale de la Lorraine, agréable à visiter à pied. Continuez vers Strasbourg, capitale européenne au cœur de l'Alsace. Le soir, la dégustation d'une bonne choucroute s'impose !

Jours 3 et 4

Strasbourg

Prenez le temps de vous balader dans la ville et découvrez, entre autres attraits, l'horloge astronomique de la cathédrale Notre-Dame, la place Kléber et le quartier historique de la Petite France.

Jour 5

Strasbourg – Colmar
70 km

Départ pour le mont Sainte-Odile, où il faut faire une halte, puis Obernai, à visiter à pied pour profiter de la place du marché, cœur battant de la cité. En après-midi, rendez-vous au château du Haut-Kœnigsbourg, une imposante structure plantée sur un piton rocheux qui offre, du haut de son bastion, une vue magnifique sur toute la région. Dirigez-vous ensuite vers Colmar, ville-emblème de l'Alsace.

Jour 6

Colmar et la Route des vins 50 km

Après une balade dans les rues de Colmar, consacrez le reste de la journée à la découverte de typiques villages alsaciens : Riquewihr, aux charmantes ruelles et aux petites cours de maisons qui ont su rester telles qu'à l'origine, puis Kaysersberg, petite cité fleurie au cachet médiéval. Poursuivez ensuite vers le village de Turckheim, qui est l'un des seuls endroits de France à encore posséder un veilleur de nuit. Prévoyez un arrêt dans une cave pour une dégustation des célèbres vins aux parfums fruités de la région, avant de revenir à Colmar.

La France

2

Reims

Cathédrale de Strasbourg

Hospices de Beaune

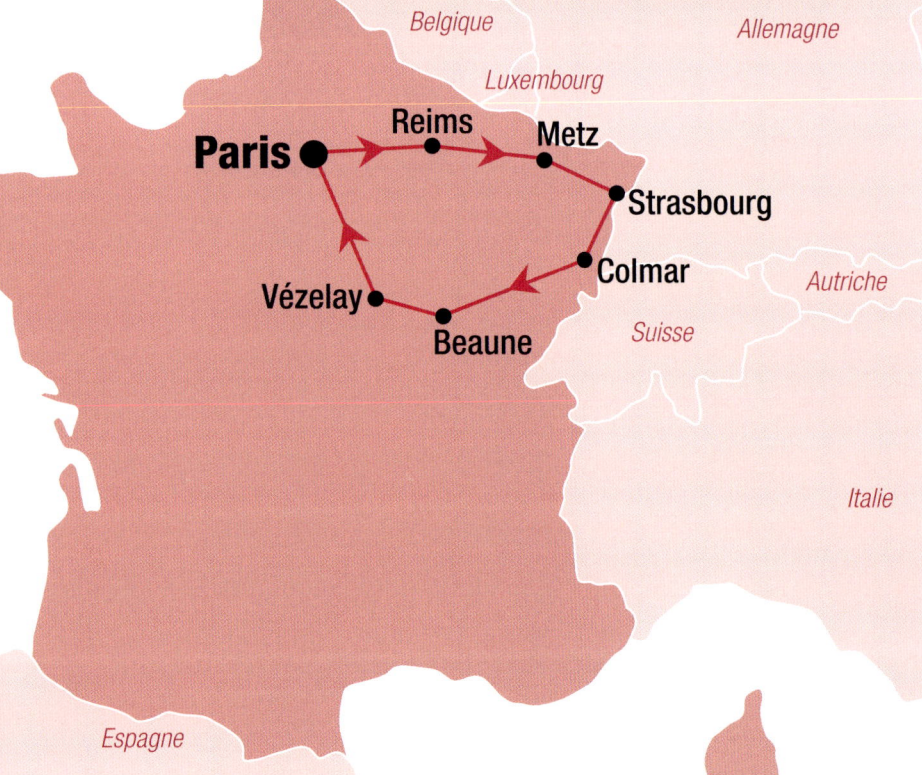
La France

Jour 7

Colmar – Beaune
280 km

Quittez maintenant l'Alsace afin de rejoindre la Bourgogne. Arrivée à Beaune, prestigieuse cité du vin au cœur du vignoble bourguignon. Visitez les célèbres Hospices de Beaune, dont l'architecture traditionnelle bourguignonne vous étonnera.

Jour 8

Beaune – Paris **320 km**

Au matin, quittez Beaune pour Vézelay, joyau du patrimoine mondial de l'UNESCO. Visite de la basilique Sainte-Madeleine, campée en haut du village sur la crypte où reposent les reliques de la sainte, gloire de l'endroit. Reprenez ensuite la route afin de revenir à Paris.

2 La Champagne, l'Alsace et la Bourgogne

Paysage typique de Bourgogne

Sainte Odile, patronne de l'Alsace

Vers 662, le duc Étichon d'Alsace aurait été fort déçu à la naissance de son premier enfant : une fillette aveugle. Il ordonne alors qu'on la tue, mais la mère la confiera en secret à une nourrice. À 12 ans, elle est baptisée et retrouve la vue. Elle est alors appelée Odile, fille de la lumière. Elle retourne ensuite auprès de sa famille, où son père souhaite qu'elle se marie. Odile s'y objecte, préférant se consacrer à Dieu. Elle s'enfuit et trouve refuge dans un rocher qui s'ouvrira mystiquement devant elle. Devant ce miracle, son père lui cède le château de Hohenbourg, lequel deviendra monastère. Odile consacrera sa vie aux soins des infirmes ; les miracles seront nombreux.

La France

Saint-Malo

3

La France

▶ **9 jours**

▶ De **La Rochelle** à **Paris**

Pour qui ? Pourquoi ?

Les amateurs d'histoire, tant celle de la migration de France vers le Nouveau Monde que celle de la Seconde Guerre mondiale, seront fascinés par ce circuit.

Inoubliable…

▶ *Découvrir la pointe du Raz, véritable proue du continent, dont la beauté sauvage a su inspirer Victor Hugo et Gustave Flaubert.*
▶ *Rejoindre le Mont-Saint-Michel pieds nus, à marée basse…*
▶ *Visiter les émouvantes plages du Débarquement.*

Le Grand Ouest

Patrie de Champlain et de Cartier, terre d'émigration vers l'Amérique et théâtre d'épisodes marquants de la Seconde Guerre mondiale, le Grand Ouest c'est la Bretagne et ses côtes escarpées, la Normandie et ses toits de chaume, le Poitou-Charentes et sa magnifique ville de La Rochelle et les Pays de la Loire et Nantes, leur ville d'art et d'histoire. Vous découvrirez également au fil de ce voyage que l'histoire et la culture de cette partie occidentale de la France sont intimement liées à celle de l'océan. Fortes marées, phares historiques, plages sauvages… une nature brute qui pousse le voyageur à l'envoûtement.

Le Grand Ouest

La Rochelle

Pont de Normandie

Itinéraire

Jour 1
La Rochelle

Vous serez charmé par le vieux port fortifié de La Rochelle, ainsi que par ses rues bordées d'arcades, ses maisons de bois et son hôtel de ville. Visitez la tour de la Chaîne afin d'y découvrir l'exposition permanente *La Rochelle-Québec*; embarquez-vous pour la Nouvelle-France.

Jour 2
La Rochelle – Brouage – Nantes 340 km

Rendez-vous à Brouage, qui a vu naître Samuel de Champlain, pour explorer son enceinte bastionnée. Poursuivez ensuite votre route jusqu'à Nantes.

Jour 3
Nantes – Quimper 230 km

Arpentez les rues de Nantes, ville d'art et d'histoire riche de plusieurs musées, dont un consacré à Jules Verne, illustre fils de la ville. En après-midi, prenez la route vers Quimper en passant par La Baule, Vannes et Concarneau.

Jour 4
Quimper et ses environs

Débutez la journée par une balade dans la ville de Quimper. Ses vieilles ruelles, ses quais et sa superbe cathédrale vous séduiront. Dirigez-vous ensuite vers Locronan, ancienne cité de tisserands devenue l'un des plus beaux villages de France. En après-midi, route vers la Bretagne sauvage et indomptable, celle des pointes se jetant dans l'océan Atlantique. Vous découvrirez la célèbre pointe du Raz, point le plus occidental de la France. Revenez ensuite à Quimper.

Jour 5
Quimper – Saint-Malo 280 km

C'est en passant par Saint-Thégonnec, qui possède un magnifique enclos paroissial, que vous atteindrez Ploumanac'h sur la Côte de Granit Rose. En après-midi, faites route vers Dinan afin de contempler ses vieux quartiers et ses maisons à pans de bois. Vous atteindrez ensuite Saint-Malo pour y passer la nuit.

Jour 6
Excursion au Mont-Saint-Michel 150 km

La découverte du Mont-Saint-Michel, qui se dresse au milieu d'immenses bancs de

La France

3

Quimper

Brouage

Tapisserie à Bayeux

La France

La baie du Mont-Saint-Michel

La baie du Mont-Saint-Michel possède les plus fortes marées de toute l'Europe : une hauteur d'eau mesurée de plus de 14 m entre la plus haute et la plus basse mer, ce qu'on appelle le « marnage ». Sa forme d'entonnoir explique en partie ce phénomène. La mer se retire à une vitesse impressionnante, mais revient tout aussi vite. Ces grands mouvements d'eau lui confèrent également une écologie ainsi qu'une faune toutes particulières (oiseaux et animaux marins, plantes aquatiques, coquillages…). La baie est un sanctuaire protégé d'une haute importance en Europe.

Le Grand Ouest 3

Honfleur

sable, s'avère saisissante. Visitez sa fameuse abbaye, dont les origines remontent au début du VIIIe siècle. Revenez ensuite à Saint-Malo pour explorer l'extraordinaire citadelle ceinturée de remparts.

Jour 7
Saint-Malo – Caen – Bayeux 230 km

Départ pour Caen, où vous visiterez le Mémorial, un musée consacré à l'histoire de la Seconde Guerre mondiale et de la guerre froide, ainsi qu'à la fragilité de la paix et aux droits de l'homme. Vous découvrirez ensuite l'abbaye aux Hommes, le château et la cathédrale Saint-Pierre. Continuez ensuite votre route vers Bayeux. Son musée de la Tapisserie relate en 58 scènes les préparatifs et le début de la conquête de l'Angleterre par Guillaume le Conquérant, duc de Normandie.

Jour 8
Bayeux – Les plages du Débarquement – Honfleur 145 km

Faites route vers les plages du Débarquement. Vous découvrirez deux lieux qui ont joué un rôle important lors de la Seconde Guerre mondiale : Arromanches et son port artificiel, ainsi que Courseulles-sur-Mer, où la Deuxième armée britannique, qui incluait les Canadiens, débarqua le 6 juin 1944. C'est en passant par Cabourg et Deauville, stations balnéaires réputées, que vous atteindrez Honfleur, port de pêche et de plaisance au riche patrimoine historique et artistique.

Jour 9
Honfleur – Rouen – Paris 260 km

C'est par le spectaculaire pont de Normandie que vous atteindrez Étretat, station élégante et site grandiose de falaises. Continuez ensuite vers Fécamp, où vous visiterez le palais de la Bénédictine, qui abrite la distillerie et les caves de la célèbre liqueur fabriquée à partir de 27 plantes et épices originaires des quatre coins du monde. Puis, route vers Rouen, dont vous arpenterez les rues des vieux quartiers et visiterez la cathédrale, l'une des plus belles réalisations de l'art gothique français, souvent peinte par Monet. Poursuivez ensuite votre route jusqu'à Paris.

La France

Calanques de Cassis

4

La France

▶ **11 jours**
▶ De **Marseille** à **Nice**

Pour qui ? Pourquoi ?

Cette lumière du Sud saura ravir ceux qui se délectent des tableaux de Van Gogh, Cézanne et Matisse ; les paysages du Midi sont de véritables œuvres d'art. Cet itinéraire ira également chercher la sympathie des randonneurs puisque les calanques de Cassis offrent aux voyageurs des kilomètres de promenade entre falaises et criques turquoise.

Inoubliable...

- *Profiter de la douceur du climat provençal et de sa luminosité exceptionnelle.*
- *Déguster une authentique bouillabaisse à la table d'un restaurant du Vieux-Port de Marseille.*
- *Découvrir les villages pittoresques de Saint-Paul-de-Vence, de Saintes-Maries-de-la-Mer et d'Aigues-Mortes.*
- *Marcher sur les plus beaux sentiers longeant les calanques de Cassis.*

La Provence et la Côte d'Azur

Le sud de la France est, depuis toujours, un lieu de villégiature prisé dans toute l'Europe. Lumière exceptionnelle, douceur du climat, délicieuse gastronomie du terroir... la réputation du Midi n'est plus à faire. Laissez-vous porter par les parfums de lavande et de romarin, partez à la découverte de ces villages de caractère à l'architecture colorée. Longez la Côte d'Azur, visitez ses villes balnéaires au chic fou. Un voyage entre mer et montagnes, aux paysages grandioses et aux saveurs exquises.

La Provence et la Côte d'Azur

Vieux-Nice

Joueurs de pétanque à Arles

Votre guide : Danielle Oddera (voir p. 201)

Son coup de cœur : Marseille

On garde toujours dans son cœur les couleurs, les parfums et même très souvent l'« accent » du coin de pays qui nous a vu naître. La Provence, c'est Avignon et son pont légendaire, Arles et la Camargue, Aubagne où les santons ont vu le jour, Les Baux sur son rocher entouré de lavande… Mais mon coup de cœur, c'est Marseille, ou Massilia, la plus ancienne ville de France, baignée par la Méditerranée.

D'abord grecque puis romaine, cette cité chère à Marcel Pagnol renferme des trésors d'histoire, de culture et de personnages pittoresques. Une promenade sur le Vieux Port vous fera découvrir les vieux quartiers du Moyen Âge. Vous pourrez ensuite prendre un bateau qui vous amènera sur l'île du château d'If, où le souvenir de Monte Cristo, héros d'Alexandre Dumas, est toujours présent.

En revenant au port, pourquoi ne pas aller prendre un pastis au Bar de la Marine de César, qui abrita les amours de Marius et Fanny, et puis faire La Canebière, cette avenue célèbre dans le monde entier ?

Et avant de partir, il ne faut pas oublier de « monter à la Vierge de la Garde », ce sanctuaire cher aux Marseillais qui domine toute la ville. Vous ferez de là-haut la plus belle des photos de Marseille.

Itinéraire

Jour 1
Marseille

Démarrez votre journée dans le centre historique de Marseille. Le quartier du « Panier », partie la plus ancienne de la ville, vous séduira par son dédale de ruelles étroites, son architecture méditerranéenne et ses maisons colorées. En après-midi, prenez le large en direction de l'archipel du Frioul, situé à 4 km du port de Marseille. Découvrez entre autres l'îlot où est érigé le château d'If, illustre forteresse qui a servi de prison pendant plus de 400 ans. Elle inspira Alexandre Dumas, qui a fait de son personnage, le comte de Monte Cristo, le plus connu de ses pensionnaires.

Jour 2
Marseille – Arles 140 km

En matinée, prenez le temps de vous balader sur la célèbre Canebière, une rue charmante grâce à ses cafés animés et à ses commerçants affables. Puis, allez à la découverte de l'impressionnante basilique Notre-Dame-de-la-Garde, d'où vous pourrez jouir d'une vue exceptionnelle sur le Vieux-Port de Marseille. Poursuivez ensuite votre route jusqu'à Arles.

Jour 3
Arles

Découvrez aujourd'hui Arles, ancienne capitale romaine et centre religieux au Moyen Âge. Flânez dans cette ville provençale à la recherche des Arènes et du Théâtre antique. En après-midi, faites route vers Fontvieille et visitez le moulin d'Alphonse Daudet.

Jour 4
Arles – Excursion en Camargue 116 km

En route vers la Camargue, la plus grande plaine de Provence, pays de chevaux blancs et de taureaux noirs. Bordant la Méditerranée, s'y trouve aussi un parc naturel chargé de préserver l'équilibre fragile de la faune et de la flore, particulièrement uniques à ces régions. Au retour, arrêtez-vous à Saintes-Maries-de-la-Mer, capitale des gitans, puis à Aigues-Mortes, paysage de lagunes et de plaines violettes, avant de revenir à Arles.

Jour 5
Arles – Nîmes – Avignon 80 km

Au matin, faites route vers Nîmes, ancienne colonie romaine comptant un nombre incalculable de vestiges. Prenez le temps

4

Pont du Gard

Avignon

Mer Méditerranée

La France

d'en faire le tour en portant un intérêt tout particulier aux magnifiques jardins de la Fontaine. Enchaînez avec la découverte du pont du Gard, authentique aqueduc romain, en état depuis plus de 2 000 ans !

Jour 6
Avignon

À pied, découvrez Avignon, ancienne cité des Papes. Ne manquez pas, entre autres attraits, les jardins des Doms, le palais des Papes et le pont Saint-Bénézet. Voilà une cité vibrante, à l'atmosphère unique.

Jour 7
Excursion aux environs d'Avignon

Faites route vers Gordes et Sénanque avant d'atteindre Orange, où se mélangent la lavande du Tricastin, la farigoule et le romarin, la truffe de Vaison et l'olive de Nyons. Visitez le Théâtre antique, un des plus grands qui soit et surtout un des mieux conservés. Revenez ensuite vers Avignon en passant par Châteauneuf-du-Pape. Profitez de votre passage pour visiter une cave du célèbre cru.

Jour 8
Avignon – Cassis 134 km

À Cassis, la découverte des calanques s'impose ! Prenez votre temps : que ce soit en bateau ou à pied, vous serez séduit par ces immenses falaises de calcaire se jetant dans la mer.

Jour 9
Cassis – Nice 200 km

Départ pour Saint-Maximin par l'arrière-pays varois. En longeant la corniche, vous bénéficierez d'une vue imprenable sur les gorges du Verdon, classées parmi les plus beaux canyons d'Europe. Vous pourrez y circuler à

La Provence et la Côte d'Azur

Quartier de L'Estaque, Marseille

pied et arpenter ses nombreux chemins de randonnée. Poursuivez ensuite votre route vers Nice.

Jour 10
Nice – Saint-Paul-de-Vence 130 km

Prenez le pouls de la ville en passant par le cours Saleya. Couvert de jolies tentures rayées, le cours Saleya est l'une des places les plus animées du Vieux-Nice. On y trouve bien sûr les produits du terroir, mais aussi de la brocante, des bijoux et autres curiosités. En après-midi, partez à la découverte de l'arrière-pays. Voyez Saint-Paul-de-Vence, charmante petite ville fortifiée. Puis, découvrez Vallauris, centre de céramique associé au nom de Picasso.

Jour 11
Nice

Tel que le faisaient les touristes britanniques au XIXe siècle, flânez le long de la promenade des Anglais. Cette longue avenue entre mer et palmiers magnifie la ville avec ses jolies chaises bleues, ses pergolas et ses lampadaires uniques. Un lieu de rencontre et de rendez-vous, mais surtout un lieu de visite incontournable.

La bouillabaisse

Plat traditionnel du sud de la France, la bouillabaisse était d'abord le plat du pauvre avant de devenir le mets prisé que l'on connaît aujourd'hui. Au retour de la pêche, les pêcheurs vendaient au marché leurs meilleures prises et ramenaient à la maison les poissons invendus, petits ou abîmés. Les femmes ont alors su composer, avec ces restants, une soupe en ajoutant un peu de persil, d'ail ou de fenouil. Ayant évolué avec le temps, la bouillabaisse est aujourd'hui préparée à base de poissons de première qualité tels le saint-pierre, la daurade ou la lotte.

La France

5

La France

Saint-Émilion

- **9 jours**
- De **Bordeaux** à **Barcelone**

Pour qui ? Pourquoi ?

Les paysages vertigineux et la douceur du climat sauront plaire aux amateurs de grands espaces.

Les gastronomes seront également conquis par la cuisine du terroir riche en foie gras, confit et magret de canard.

Inoubliable…

- *Grimper tout en haut de la dune du Pilat pour contempler l'Atlantique.*
- *Découvrir le Pays basque.*
- *Explorer les villes dynamiques de Bordeaux et de Toulouse.*
- *Savourer la gastronomie du Sud-Ouest.*

Le sud-ouest de la France et Barcelone

Entre Méditerranée et Atlantique, entre plaine et montagne, la vallée de la Garonne et les célèbres Pyrénées, ce circuit extrêmement varié vous conduit du Bordelais viticole au Pays basque ancestral, de l'Armagnac à la Catalogne, avec des lieux aussi forts que Lourdes, Biarritz, Toulouse et ce joyau qu'est Barcelone. Mais le sud-ouest de la France, ce sont également ces petits villages hors du temps, cette culture aux accents d'Espagne et cette cuisine dont la réputation n'est plus à faire.

Dune du Pilat

Collioure, sur la côte Vermeille

Itinéraire

Jour 1
Bordeaux

Comme de nombreuses villes portuaires, Bordeaux, capitale de l'Aquitaine, est riche d'un mélange de cultures qui se sont superposées au fil des siècles. Partez à sa découverte en parcourant le Vieux Bordeaux, la place du Parlement et le monument aux Girondins. Flânez également dans la rue Sainte-Catherine, probablement la plus longue rue piétonne d'Europe : 1 250 m de boutiques, cafés et restaurants !

Jour 2
Bordeaux – Excursion à Saint-Émilion 80 km

Le matin, toujours à Bordeaux, prenez le temps de visiter un musée émouvant, celui de la Résistance française que l'on appelle le Centre National Jean Moulin. Bien que la ville de Lyon soit celle de la Résistance sous l'Occupation, Bordeaux, située en zone occupée, joua également un rôle important. Un centre de documentation et d'histoire à découvrir afin de ne pas oublier cette période encore récente pour l'ensemble des Européens. En après-midi, partez à la découverte de Saint-Émilion. Joyau de pierre enchâssé dans un écrin de vigne, cet ancien village médiéval perché au sommet d'une colline s'harmonise à merveille avec le paysage. Passage obligé chez un vigneron !

Jour 3
Bordeaux – Biarritz 250 km

Dès le matin, faites route vers Arcachon, puis vers la dune du Pilat : éclatante de blancheur, elle est aussi la dune la plus haute d'Europe. Enchaînez avec la traversée des Landes, pays de forêts et de lacs. Dès votre arrivée dans les Pyrénées-Atlantiques, installez-vous dans le Pays basque, cette région de France qui a su garder son caractère unique.

Jour 4
Biarritz – Pau – Lourdes 165 km

En matinée, explorez quelques-uns des plus beaux villages du Pays basque : Saint-Jean-de-Luz et Espelette. Par la suite, dirigez-vous vers Pau, située au cœur des Pyrénées-Atlantiques. Découvrez la ville natale d'Henri IV et visitez son château construit au XIVe siècle. Enfin, terminez votre journée à Lourdes, haut lieu de pèlerinage. Si la journée n'est pas trop avancée, découvrez son château fort, cette forteresse de France jamais conquise dans l'histoire et classée Monument Historique.

5

Fontaine des Girondins, Bordeaux

Saint-Jean-de-Luz

Place du Capitole, Toulouse

La France

Jour 5
Lourdes – Saint-Bertrand-de-Comminges 83 km

Bien connu des cyclistes, le passage du col d'Aspin (1 489 m) a tout d'une aventure. Coup d'œil magnifique sur les Hautes-Pyrénées. Poursuivez votre route jusqu'à Saint-Bertrand-de-Comminges, l'un des plus beaux villages de France. Dressés sur leur piédestal rocheux, la cathédrale et le bourg se détachent sur le fond des proches Pyrénées. Sous un toit unique, le «vaisseau cathédrale» abrite trois églises d'époques et de styles différents : l'église romane du XIIe siècle, l'église gothique et l'église Renaissance.

Guérisons et miracles à Lourdes

Plusieurs connaissent l'histoire de la jeune Bernadette Soubirous, dont la vie sera transformée à la suite de 18 apparitions de la Vierge, dans la grotte de Massabielle, à Lourdes. Après cet évènement, le site devient un lieu de pèlerinage important. Des guérisons et des miracles inexpliqués s'y produisent pratiquement chaque année. Aujourd'hui, le Comité Médical International de Lourdes, chargé d'examiner ces guérisons spontanées, reconnaît le caractère inexpliqué de certaines d'entre elles. Que dire? Lourdes, auréolée de mystère, continue d'attirer des milliers de visiteurs chaque année. Que l'on soit seul, en famille, malade ou en pèlerinage, ce sanctuaire magnifique saura vous rendre contemplatif, méditatif et songeur.

Le sud-ouest de la France et Barcelone

5

Château de Quéribus

Jour 6
Toulouse 113 km

Au matin, départ pour Toulouse, capitale de la région Midi-Pyrénées. Un tour de ville s'impose : découvrez au détour de ses rues des merveilles architecturales telles que le Capitole, la basilique Saint-Sernin et l'église des Jacobins. Allez flâner du côté des berges du canal du Midi, classé au patrimoine mondial de l'UNESCO. Encore une fois, voyez comment cette lumière exceptionnelle du sud de la France magnifie cette ville que l'on dit « rose ». En effet, cette couleur est attribuée à la ville puisque le matériau utilisé dans l'architecture est la brique de terre cuite.

Jour 7
Toulouse – Carcassonne – Limoux – Perpignan 225 km

Découvrez aujourd'hui Carcassonne en explorant à pied sa cité médiévale. Puis route vers Limoux, où vous aurez la chance de déguster sa célèbre clairette. En deuxième partie de votre journée, continuation vers Quillan par les gorges de Galamus, magnifiquement creusées dans la falaise de calcaire. Puis, enchaînez avec la route des châteaux cathares : voyez ceux de Peyrepertuse et Quéribus avant d'atteindre Perpignan avant la tombée de la nuit.

Jour 8
Perpignan

Vous êtes enfin à Perpignan, ancienne capitale du Roussillon dont la vieille ville n'a guère changé depuis le XVIIIe siècle. Parcourez la ville à pied, voyez le palais des Rois de Majorque ou le Santo Campo. En après-midi, découverte de la côte Vermeille où les criques, falaises et ports se succèdent. Profitez également de votre passage dans la région pour faire un saut à Banyuls-sur-Mer, qui possède un terroir d'exception. Chez un caviste, demandez à goûter à ce célèbre vin apéritif qu'est le banyuls. Santé !

Jour 9
Perpignan – Barcelone 192 km

Quittez aujourd'hui la France pour pénétrer dans la Catalogne. En passant par Lloret de Mar, jolie station balnéaire espagnole, rejoignez Barcelone. Prenez votre temps pour visiter la capitale catalane. Admirez entre autres son architecture et découvrez la célèbre église de Gaudí : la Sagrada Família. Terminez votre tour de ville par le célèbre quartier gothique où l'on retrouve même des vestiges de la ville romaine.

La France

6

Col de Bavella

La France

▶ **6 jours**

▶ De **Bastia** à **Bonifacio**

Pour qui ? Pourquoi ?

Avec ses criques naturelles, ses plages sauvages et ses paysages marins, la Corse saura combler rapidement les attentes des adeptes de la mer. Mais elle saura également enchanter les randonneurs, les gastronomes et surtout les contemplatifs.

Inoubliable…

▸ *Découvrir Bastia, son vieux port, son architecture baroque et ses façades colorées.*

▸ *Arpenter le village artistique d'Erbalunga et ses placettes animées.*

▸ *Découvrir la gastronomie du terroir en séjournant chez l'habitant.*

▸ *Apprécier la beauté et la diversité des différents sentiers de randonnée autour de Porto-Vecchio, entre mer et montagnes.*

La Corse

Au cœur de la Méditerranée, baignée d'un climat tiède et privilégié, la Corse, « l'île de Beauté », dégage un parfum d'authenticité méditerranéenne. Bien qu'à première vue elle puisse paraître rebelle avec ses paysages désolés et ses falaises escarpées, l'île est avant tout généreuse, accueillante. Avec ses habitants affables, sa gastronomie du terroir et ses villages d'une autre époque, la Corse lance aux voyageurs une invitation à la découverte des sens. Vous découvrirez au fil de cet itinéraire un paradis de couleurs ainsi que des paysages chatoyants parmi les plus beaux que la nature puisse offrir.

La Corse 6

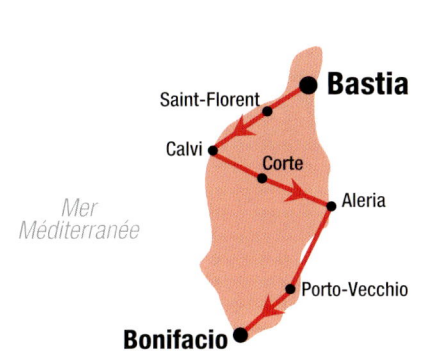

Bastia

Bonifacio

Gastronomie du terroir

Fromages, huiles d'olive, charcuteries, liqueurs et cépages exquis… la réputation de la gastronomie corse n'est plus à faire ! L'île exporte de plus en plus de produits uniques en Méditerranée. La Corse doit fort probablement la grande qualité de ses produits aux techniques naturelles et ancestrales d'agriculture, d'élevage et de préparation. Brebis, porcs et sangliers sont élevés en toute liberté sur les hautes terres de l'île, se nourrissant presque uniquement de châtaignes et de glands. Il en résulte des produits parfumés, aux accents de noisette, introuvables sur le continent. Parmi les saucissons qu'il faut découvrir absolument figurent le *figatellu* (prononcé : « ficatellu »), souvent fumé au bois de hêtre, et le *prisuttu*, appellation du jambon cru corse. Bon appétit !

Itinéraire

Jour 1
Bastia

Premier contact avec la Corse dans la ville de Bastia, qu'il est possible de rejoindre depuis Nice au moyen d'un traversier.

Jour 2
Excursion au Cap Corse 150 km

Une agréable route tracée entre la mer et la montagne permet de faire le tour du Cap Corse. Arrêtez-vous à Erbalunga, charmant village de pêcheurs et d'artistes. Puis, continuez vers le port de Macinaggio, d'où une route spectaculaire permet de gagner la côte occidentale du Cap Corse. Arrêtez-vous à Nonza, puis dans le village de Sainte-Julie afin de découvrir son église historique. Retour par la région viticole de Patrimonio.

Jour 3
Bastia – Saint-Florent – Désert des Agriates – Calvi 120 km

Visitez Bastia et découvrez le charme méditerranéen de la vieille ville avec ses ruelles colorées et sa cathédrale. Dirigez-vous ensuite vers Saint-Florent, une agréable station balnéaire. Puis, traversez le désert des Agriates, un paysage désolé et saisissant. Poursuivez vers la charmante ville portuaire de Calvi.

Jour 4
Calvi – Corte – Porto-Vecchio 210 km

Quittez Calvi de bon matin et faites un arrêt photo au pont génois de Ponte-Leccia. Puis, faites route vers Corte, dominée par sa citadelle. Montez ensuite jusqu'au « nid d'aigle » pour admirer le magnifique panorama de la région. Continuez alors votre chemin jusqu'à Porto-Vecchio.

Jour 5
Porto-Vecchio – Col de Bavella – Porto-Vecchio 165 km

Départ pour la région de l'Alta Rocca et des pittoresques aiguilles de Bavella. Promenade autour du col de Bavella, d'où vous pourrez apprécier la beauté des pics déchiquetés et des pins laricios. Continuez vers Levie, bourg situé sur un plateau granitique, et Sartène, « la plus corse des villes corses » selon Prosper Mérimée. Retour à Porto-Vecchio par le cap de Roccapina et Figari.

Jour 6
Porto-Vecchio – Bonifacio – Golfe d'Arzachena 90 km

Faites route vers Bonifacio, au sud de la Corse. Visitez la haute ville et la citadelle, au sommet des célèbres falaises de calcaire. Puis, descendez vers le port. Vous pourrez ensuite vous embarquer pour la traversée jusqu'en Sardaigne ou retourner en France continentale.

La France

Saumur

7

La France

▶ **9 jours**
▶ De **Bordeaux** à **Paris**

Pour qui ? Pourquoi ?

Bien entendu, voici un itinéraire pour les passionnés de grands crus français, mais attention, ce voyage saura ravir aussi les touristes épris de l'histoire de la cour des rois de France et des célèbres châteaux de la Loire.

Inoubliable…

▸ Sillonner le Val de Loire à la découverte de ses célèbres châteaux.
▸ Découvrir Bordeaux, Nantes et La Rochelle.
▸ Apprécier la gastronomie angevine, les vins d'Anjou et de Saumur et les produits du terroir.

Les vignobles de France

Depuis l'Antiquité, la France produit des vins réputés qui ont acquis leurs lettres de noblesse grâce à la diversité des sols et au choix des cépages de qualité, mais surtout grâce au savoir-faire ancestral des vignerons. Nous vous invitons à venir déguster au cours de ce circuit quelques-uns de ces vins reconnus mondialement : du bordelais au champagne en passant par le muscadet et le pinot de la Loire. Un voyage à la découverte des plus beaux vignobles de France et une incursion au cœur du Val de Loire, où reposent les plus beaux châteaux de la Renaissance française.

Région du Médoc

Angers

Itinéraire

Jour 1
Bordeaux

Les férus d'architecture et d'histoire ne peuvent être en reste dans cette ville qui compte plus de 350 édifices classés ou inscrits aux Monuments Historiques. Flânez au cœur des différentes places du Vieux Bordeaux, admirer la Place Royale ou la façade des quais.

Jour 2
Bordeaux – Saint-Émilion 47 km

Départ pour Saint-Émilion à la découverte de la cité médiévale et de ses monuments souterrains : la grotte du Moine Émilion, la chapelle de la Trinité, les catacombes, ainsi que l'église monolithe, entièrement creusée dans la roche. Puis, première visite chez un vigneron : vignes, cuvier et chais à barriques.

Jour 3
Excursion dans le Médoc et le Sauternais 170 km

En route vers la célèbre Route des châteaux via la région du Médoc. Cette presqu'île s'étend sur 80 km au nord de Bordeaux et regroupe quelques-uns des crus de vin rouge les plus prestigieux. Continuez ensuite votre route vers un vignoble du Sauternais où vous aurez la chance d'apprécier ce vin liquoreux français qu'est le sauternes.

Jour 4
Bordeaux – Cognac 120 km

Au matin, faites route vers Cognac, dont la région regorge de chais. C'est le moment de savourer cognac, pineau des Charentes et autres produits de la maison. Consacrez l'après-midi à la découverte de Brouage, ville-mémorial de l'amitié franco-québécoise, unique par son environnement marécageux naturel.

Jour 5
Cognac – La Rochelle 106 km

Port maritime important, c'est à La Rochelle que débutent les relations avec la Nouvelle-France et les Antilles. Découvrez aujourd'hui le quotidien de ses habitants en visitant le marché situé sous les Halles du XIXe siècle ou encore le charmant quartier de Saint-Nicolas, à l'esprit bohème et coloré.

Jour 6
La Rochelle – Nantes 147 km

Quittez maintenant La Rochelle pour Nantes, qui marque la limite ouest des vignobles du Val de Loire. Profitez de cette journée pour

Vignobles en Touraine

Château de Chenonceau

La Loire

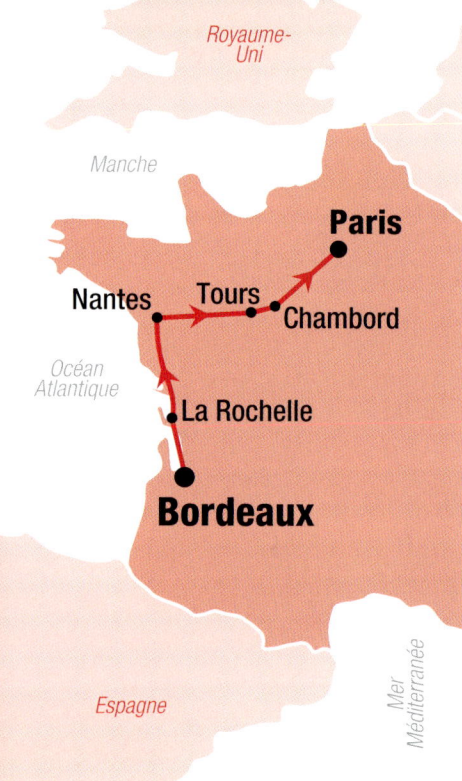

parcourir les nombreuses rues piétonnes de la cité nantaise et garder en tête, pour l'après-midi, la visite d'un vignoble de muscadet, ce vin blanc sec et délicieux de la région !

Jour 7
Nantes – Angers – Saumur 156 km

Ce matin, vous commencerez à remonter la Loire. D'abord Angers, à découvrir à pied avant de rejoindre Saumur, reconnue entre autres pour son École nationale d'équitation, une institution unique où les plus grands écuyers français enseignent.

Jour 8
Tours et visites de châteaux 75 km

Vous quittez Saumur pour Tours, capitale des châteaux de la Loire. Découvrez le château de Chenonceau, magnifiquement construit sur le Cher. Dirigez-vous ensuite vers Amboise, découvrez sa vieille ville et son château, puis terminez votre journée à Vouvray et profitez de son vignoble AOC (appellation d'origine contrôlée).

Jour 9
Tours – Paris 240 km

Au matin, quittez Tours en direction de Paris. Un arrêt s'impose au château de Chambord, le plus vaste des châteaux de la Loire. N'oubliez pas de visiter son parc forestier, car il faut savoir que c'est la passion qu'avait François Ier pour la chasse qui a donné l'impulsion de départ à la construction du domaine. Il a été classé « réserve nationale de chasse et de faune sauvage » en 1947.

Les vignobles de France   7

Amboise

Le château de Chambord sous l'Occupation

Peu de gens savent que, durant la Seconde Guerre mondiale, l'imposant château de Chambord fut utilisé comme principal dépôt et centre de triage des musées nationaux. La ville de Paris et les régions du nord de la France étaient particulièrement exposées aux bombardements, on vida les musées de leurs trésors, et c'est ainsi qu'arrivèrent à Chambord quelque 3 700 tableaux en provenance du Louvre, incluant *la Joconde*. Les tableaux y étaient ensuite triés, certains y furent entreposés durant toute la période de l'Occupation, mais d'autres furent disséminés plus au sud de la France, cachés dans divers refuges.

La France

8

La France

Scupture du pont Alexandre III

▶ **6 jours**

▶ Séjour à **Paris**

Pour qui ? Pourquoi ?

Voici un séjour définitivement urbain pour les amateurs de monuments, d'histoire, d'architecture et d'art.

Inoubliable…

▶ *Découvrir les impressionnantes collections des musées du Louvre et d'Orsay.*

▶ *Prendre l'apéro à Saint-Germain-des-Prés.*

▶ *Flâner au jardin du Luxembourg.*

▶ *Dîner au restaurant Le Jules Verne, situé dans la tour Eiffel, et profiter de la splendide vue de Paris.*

Escapade à Paris

Cette ville intemporelle se découvre petit à petit, quartier par quartier, un monument ou un jardin à la fois, si bien qu'il est difficile de découvrir Paris en seulement quelques jours ! Mais bonne nouvelle, en peu de temps, on peut saisir l'âme de cette ville et vivre son ambiance. Partez donc à la découverte des plus beaux monuments et musées de Paris, sans oublier ses quartiers populaires et bohèmes, ses marchés et ses placettes où familles et amis se retrouvent le samedi !

Montmartre

Bassin de la Villette

Musée du Louvre

Itinéraire

Jours 1, 2 et 3
Paris

Démarrez votre visite de Paris par sa Rive droite. Départ au musée du Louvre, direction l'Arc de triomphe. En chemin, traversez les jardins des Tuileries, la place de la Concorde et les Champs-Élysées. Puis, prolongez votre balade jusqu'à l'impressionnante tour Eiffel. En un deuxième temps, découvrez sa Rive gauche. Flânez à Saint-Germain-des-Prés, traversez le jardin du Luxembourg et visitez le musée d'Orsay, lequel abrite une imposante collection de chefs-d'œuvre impressionnistes.

Jour 4
Paris – Giverny 74 km

En complément à cette découverte de Paris, mais surtout pour parfaire votre connaissance des impressionnistes, partez de bon matin pour Giverny, à seulement une heure de Paris. Visitez la maison et les sublimes jardins de Monet. Voyez ces paysages lumineux et colorés qui ont su inspirer le peintre pendant plus de 40 ans.

Jours 5 et 6
Paris

Terminez votre séjour en découvrant les différents villages de Paris, ces quartiers hors du centre qui furent avec le temps annexés un à un à la métropole. Au cœur du 18e arrondissement, montez les escaliers de la butte Montmartre jusqu'au Sacré-Cœur. Pour l'apéro, choisissez votre bistro sur l'avenue Oberkampf, dans le 11e arrondissement. Pourquoi pas le joli Café Charbon, à l'ambiance populaire, créé il y a plus d'un siècle ?

Belleville

Ancien quartier ouvrier maintenant très actif sur le plan artistique, le 20e arrondissement est aujourd'hui un village vivant, bohème et décontracté. Belleville jouit d'une population cosmopolite et métissée : les immigrations juive, maghrébine et asiatique s'y sont succédé au cours du XXe siècle. C'est également ici qu'ont vécu Édith Piaf, Maurice Chevalier, Eddy Mitchell, mais c'est surtout au cœur de cet arrondissement que l'auteur Daniel Pennac a placé l'action de ses romans, en particulier ceux de la « tribu Malaussène ». Un véritable petit village dans la ville de Paris. À découvrir !

La France

9

La France

Pont d'Avignon

▶ **8 jours**
▶ Circuit fluvial au départ de **Lyon**

Pour qui ? Pourquoi ?

Les amateurs de voyages en bateau seront ravis de découvrir la France au fil de l'eau. Une croisière au cœur de la vallée du Rhône qui saura également plaire aux adeptes de l'œnotourisme.

Inoubliable…

- *Manger dans un véritable bouchon lyonnais.*
- *Flâner dans les ruelles sinueuses d'Avignon.*
- *Randonner au cœur des gorges de l'Ardèche.*
- *Déguster des crus délicieux du Beaujolais et du Mâconnais.*

Le sud de la France au fil de l'eau

Découvrez les différentes facettes du sud de la France dans cette croisière sur les fleuves français que sont le Rhône et la Saône. Ce voyage vous amènera à profiter des vignobles colorés des régions du Mâconnais et du Beaujolais dont les vins connaissent une renommée internationale depuis des siècles. Lyon occupe également une place importante au cœur de ce circuit fluvial : la « ville des lumières » saura vous enchanter par son histoire ancienne et contemporaine.

Le sud de la France au fil de l'eau

Vieux Lyon

Châlon-sur-Saône

Jarnioux, dans le Beaujolais

Itinéraire

Jour 1
Lyon

Profitez de votre soirée pour découvrir Lyon, si magnifiquement éclairée à la tombée de la nuit. À pied, découvrez la Presqu'île en commençant par la place des Terreaux, vivante et animée. Voyez son hôtel de ville au passé prestigieux et écoutez du jazz sur le parvis de l'Opéra, où des concerts ont lieu tous les soirs. Puis, empruntez la rue de la République pour traverser cette partie de la ville jusqu'à l'impressionnante place Bellecour.

Jour 2
Mâcon

Montez à bord ! Navigation aujourd'hui jusqu'à Mâcon, une escale qui saura ravir les amateurs d'œnotourisme. Profitez de cette journée pour aller à la rencontre des vignerons et cavistes des régions du Mâconnais et du Beaujolais. Vous aurez la chance de déguster des crus délicieux tels que le saint-véran ou le pouilly-fuissé.

Jour 3
Châlon-sur-Saône — Beaune

Aujourd'hui, faites escale à Châlon-sur-Saône, principale ville de ce réseau fluvial. Allez jusqu'à Beaune, capitale des vins de Bourgogne. Riche d'un patrimoine d'exception, Beaune propose quelques incontournables dont la basilique Notre-Dame, le musée du Vin et les Hospices de Beaune, lesquels possèdent un domaine viticole qu'il est toujours possible de visiter.

Jour 4
Lyon

Journée complète consacrée à la découverte de Lyon, capitale des Gaules. Dirigez-vous vers le Vieux Lyon, de l'autre côté de la Saône. Parcourez ses traboules médiévales, voyez ses façades aux nuances d'ocre et de rose, poussez la porte de la cathédrale Saint-Jean-Baptiste, témoin du mariage d'Henri IV et Marie de Médicis. Mais surtout, n'oubliez pas de découvrir la gastronomie lyonnaise, en prenant place à la table d'un bouchon, restaurant typique de spécialités lyonnaises.

Jour 5
Avignon

Avignon est non seulement connue pour son fameux pont, mais également pour son palais des Papes, ses ruelles sinueuses et ses minuscules chapelles faisant de cette ville un autre point fort de votre voyage découverte. Pourquoi ne pas grimper sur les remparts de la ville, pour ainsi avoir l'une des plus belles vues d'Avignon et du Rhône ?

9 — Le sud de la France au fil de l'eau

Arles

Jour 6
Arles

Pour plusieurs, Arles évoque l'œuvre du peintre hollandais Vincent van Gogh. Dès le début de l'année 1888, Van Gogh entame sa production arlésienne : l'artiste découvrira cette région à pied et y peindra de nombreux paysages et portraits. Venez découvrir cette lumière exceptionnelle dont bénéficient Arles et sa région, voyez comment cette clarté a su inspirer Van Gogh et de nombreux autres artistes peintres.

Jour 7
Viviers – La Voulte-sur-Rhône

Aujourd'hui, votre péniche commence sa lente remontée du Rhône. Faites escale à Viviers, magnifique village médiéval au cœur de l'Ardèche. Vous êtes au centre d'une région magnifique. Partez en randonnée à la découverte des gorges de l'Ardèche, une succession de canyons parmi les plus spectaculaires d'Europe.

Jour 8
Lyon

De retour à Lyon, c'est ici que se termine votre séjour. Profitez de cette dernière journée pour découvrir les différents quartiers de la « ville des lumières ». Montez les pentes de la Croix-Rousse, ancien quartier des ouvriers de la soie. Aujourd'hui, il s'agit d'un endroit résolument agréable où artistes, travailleurs et jeunes familles se côtoient en un joyeux bourdonnement.

Gorges de l'Ardèche

Viviers

À Lyon, la place des Célestins

Les guides touristiques nous proposent souvent de découvrir les places très connues comme la place des Terreaux ou la place Bellecour (incontournables, bien entendu !). Mais si le temps vous le permet, allez jeter un coup d'œil du côté de la place des Célestins, située sur la Presqu'île, entre Bellecour et la place des Jacobins. Un havre de paix dans ce quartier très agité. Au centre de la place, voyez le théâtre des Célestins. Un magnifique théâtre à l'italienne, lequel est, à notre avis, l'un des plus beaux de la ville. Bordée de magnolias, de petits cafés et d'excellents restaurants, la place a tout pour séduire le visiteur.

La France

Portofino

L'Italie

10	L'Italie classique
11	Saveurs d'Italie et le Ticino
12	L'Italie du Sud et la Sicile
13	La Sardaigne
14	Escapade à Rome

Grand Canal, Venise

L'Italie classique

▸ **12 jours**
▸ De **Milan** à **Rome**

Pour qui ? Pourquoi ?

Un survol magnifique de l'Italie pour ceux qui en sont à leur première visite ou tout simplement pour ceux qui souhaitent parfaire leur connaissance des villes mythiques du Nord dont Vérone, Venise et Florence.

Inoubliable…

▸ *Faire la traversée du lac Majeur.*
▸ *Visiter les magnifiques villes de Vérone, Venise et Florence.*
▸ *Découvrir le cinématographique golfe de Naples, l'île de Capri et la jolie ville d'Amalfi.*
▸ *Pousser la porte d'un vigneron en Toscane.*

De la région des Lacs qui s'étendent au pied des Alpes lombardes à Venise qui vous ouvre les bras avec sa richesse historique unique et le mystère de ses canaux bordés de palais, de la douce lumière dorée de la Toscane en passant par les trésors uniques des civilisations que l'on retrouve à Rome, au bleu du ciel et de la mer de la côte Amalfitaine : l'Italie se révèlera à vous dans toute sa beauté et saura vous charmer.

L'Italie classique 10

Mausolée de Galla Placidia, Ravenne

Paysage de Toscane

Votre guide : Fabrizio Pagliaroli (voir p. 201)

Son coup de cœur : *Vérone*

Vérone, magnifique ville d'art de Vénétie, est pour moi l'une des plus belles cités d'Italie. Il y règne une ambiance délicieuse empreinte d'art (la ville est inscrite au patrimoine culturel mondial de l'UNESCO), d'histoire (ses Arènes romaines sont magnifiques), mais surtout de romantisme. On peut en dire autant de bien d'autres villes d'Italie, me direz-vous, mais c'est tout de même à Vérone que Shakespeare a trouvé l'inspiration pour son immortel *Roméo et Juliette*. Encore de nos jours, quelque 4 000 lettres provenant du monde entier sont expédiées à la Casa di Giulietta par des cœurs esseulés en quête de conseils pour trouver l'âme sœur, par des amoureux transis incapables de déclarer leur amour ou par des amants rejetés cherchant à reconquérir l'être aimé. Et vous savez quoi ? Une équipe d'une dizaine de bénévoles s'affairent à leur répondre un à un. Qui peut dire mieux en matière de romantisme ?

Itinéraire

Jour 1

Milan – Lugano 75 km

Bienvenue à Milan, capitale de la Lombardie. Découvrez le Duomo, la Galleria Vittorio Emanuele et l'extérieur de la Scala. En début d'après-midi, départ pour la Suisse italienne afin de rejoindre la pittoresque ville de Lugano, sur les rives de son magnifique lac.

Jour 2

Lugano – Excursion au lac Majeur 100 km

Ce matin, visitez à pied la vieille ville de Lugano. Poussez la porte de la Villa Ciani ou bien du musée Herman Hesse, lequel conserve de précieux témoignages de l'écrivain suisse. Puis, faites route vers le lac Majeur et embarquez-vous pour un court trajet en vedette jusqu'à l'Isola Bella, une des îles Borromées. Optez pour une visite guidée du palais Borromée, sans oublier l'exploration de ses magnifiques jardins en terrasses.

Jour 3

Lugano – Sirmione – Vérone – Venise 365 km

C'est par Sirmione, sur le lac de Garde, que vous atteindrez Vérone, immortalisée par les héros de Shakespeare. Voyez les maisons historiques de Roméo et de Juliette, la vieille ville et son château Scaligeri, sans oublier les Arènes romaines. Continuation vers la lagune de Venise.

Jour 4

Venise

À Venise, vous découvrirez, entre autres splendeurs, la basilique Saint-Marc, le campanile, la tour de l'horloge et le pont des Soupirs. Embarquez-vous à bord d'un *vaporetto* et parcourez les canaux de la cité des Doges. Pourquoi ne pas en profiter pour vous rendre à Murano et Burano ou pour parcourir le Grand Canal, bordé de palais ?

Jour 5

Venise – Ravenne – Florence 289 km

Faites route aujourd'hui vers la Toscane, en traversant la plaine de la Lombardie et la chaîne des Apennins. Un arrêt s'impose à Ravenne, ancienne capitale romaine. Découvrez la basilique de San Vitale et le mausolée de Galla Placidia. Voyez également le tombeau de Dante, auteur de la *Divine Comédie*, qui mourut exilé à Ravenne. Poursuivez vers Florence, capitale de la Toscane.

10

L'Italie

Palazzo Vecchio, Florence

Tour de Pise

Jour 6
Florence – Excursion à Pise et à Lucques
230 km

Ce matin, faites route vers Pise. Admirez son célèbre baptistère et sa tour penchée. Puis, rendez-vous à Lucques, jolie ville fortifiée aux sinueuses ruelles anciennes qui sauront vous charmer. Continuez ensuite votre route vers un vignoble de la région où vous aurez la chance d'apprécier l'un des meilleurs vins de la Toscane.

Jour 7
Florence

C'est à pied que l'on visite Florence, haut lieu de la Renaissance et véritable musée à ciel ouvert : la Piazzale Michelangelo, qui domine l'Arno et la vieille ville, la Piazza della Signoria, le Ponte Vecchio et le Duomo.

Jour 8
Florence – San Gimignano – Sienne – Pérouse
188 km

Départ pour la Haute-Toscane et l'Ombrie. Découverte de San Gimignano, reconnue pour ses hautes tours féodales qui auraient fait partie d'un système de défense de la ville. Puis, continuation vers la région viticole du Chianti et l'historique ville de Sienne, dont la visite vous permettra de découvrir la magnifique cathédrale, l'hôtel de ville et la Piazza del Campo. Poussez ensuite jusqu'à Pérouse, en Ombrie.

Jour 9
Pérouse – Assise – Golfe de Naples
450 km

Offrez-vous aujourd'hui une visite complète de la ville de saint François d'Assise. Observez

L'Italie classique 10

Piazza Navona, Rome

Amalfi

l'intérieur de la basilique qui abrite d'importantes œuvres de Martini, Giotto, Maso et Cimabue. Par la vallée du Tibre, reprenez ensuite la route vers le magnifique golfe de Naples.

Jour 10
Golfe de Naples – Île de Capri

En bateau, partez à la découverte de l'île de Capri. Impossible de s'y ennuyer avec ses musées, ses galeries d'art, ses boutiques, ses sublimes jardins et ses chemins sinueux si prisés par les randonneurs. Les amateurs de gastronomie italienne y trouveront également leur compte, puisque l'île comporte autant de restaurants renommés que de jolies trattorias familiales.

Jour 11
Golfe de Naples

Débutez votre journée par une exploration de Pompéi, tragiquement détruite par l'éruption du Vésuve en 79 après J.-C., suivie de la visite d'un atelier artisanal de camées. En après-midi, découverte de la côte Amalfitaine, tant chantée par les poètes et les écrivains. Suivez la route en corniche où le golfe Amalfitain offre de surprenants paysages jusqu'à Amalfi, petite ville d'allure espagnole nichée au cœur d'une végétation luxuriante.

Jour 12
Golfe de Naples – Rome 275 km

À votre arrivée dans la Ville éternelle, ne manquez pas l'excursion pour faire la visite des musées du Vatican et de la chapelle Sixtine. Voyez les plus beaux monuments dont la place du Capitole, le Forum impérial et le Forum romain, le Colisée et le Palatin.

L'Italie à la carte

République italienne

Capitale **Rome**

Langue officielle **italien**

Religion **catholicisme (90% de la population)**

Un plat **le *cannolo*, délicieuse pâtisserie sicilienne**

Un artiste **le comédien Marcello Mastroianni**

Un air de musique **l'opéra *Nabucco* de Giuseppe Verdi**

Les Langhe

11

▶ **13 jours**

▶ De **Turin** à **Lugano**

Pour qui ? Pourquoi ?

Un climat tempéré, des lacs sublimes, de douces collines vertes et des villes au passé culturel fort. Le nord de l'Italie rejoint les esthètes qui souhaitent approfondir leur connaissance de cette région sublime et chaleureuse.

Inoubliable…

- Découvrir les villes impressionnantes de Turin, Florence et Milan.
- Parcourir le paysage bucolique des Langhe.
- Déguster un grand cru dans l'ancien pavillon de chasse du roi Victor Emmanuel II.
- Explorer Portofino, charmant village de pêcheurs aux maisonnettes colorées.

Saveurs d'Italie et le Ticino

Découvrez les douces collines dont sont issus de grands vins italiens et les villages en terrasses de la Ligurie. Laissez-vous émerveiller par la lumière dorée de la Toscane sur ses collines et les trésors uniques des civilisations que l'on y retrouve. Venise vous ouvre les bras avec sa richesse historique unique et le mystère de ses canaux bordés de palais. La région des Lacs s'étend au pied des Alpes lombardes. La végétation y est luxuriante et les panoramas magnifiques : cimes des montagnes se reflétant dans les eaux bleues, magnifiques villas, jardins fleuris. L'Italie du Nord se révèlera à vous dans toute sa beauté et saura vous charmer !

Saveurs d'Italie et le Ticino

11

Milan

Votre guide : Roberto Medile *(voir p. 201)*

Son coup de cœur : Les Cinque Terre

J'ai passé une grande partie de ma jeunesse à Rome dans la Ville éternelle, et pourtant, s'il me fallait choisir un coup de cœur, ce serait les Cinque Terre. Il y a dans ce décor des nuances de couleurs qu'on ne retrouve nulle part ailleurs. Avec cette côte à pic sur le bleu de la Méditerranée, ces vagues qui viennent inonder d'écume les rochers, ces couchers de soleil uniques à la fin d'une journée, ces villages où l'on cultive la vigne sur les hauteurs et, plus bas, ces petits ports de pêche où l'on peut déguster poissons et coquillages, visiter les Cinque Terre, c'est comme visiter cinq pays suspendus entre ciel et mer ! Un coin d'Italie où l'homme et la nature peuvent vivre en parfaite harmonie.

L'Italie

Itinéraire

Jour 1
Turin

Partez à la découverte du Palais royal, ancienne résidence des princes de Savoie classée patrimoine mondial de l'UNESCO. Puis, prenez l'après-midi pour visiter l'un des deux musées consacrés à l'automobile (Museo dell'Automobile et Centro Storico Fiat), l'exceptionnel musée égyptien d'Egizio ou encore le Musée national du cinéma.

Jour 2
Turin – Les Langhe
75 km

Pourquoi ne pas profiter de la matinée pour découvrir la cathédrale qui abrite la précieuse et controversée relique du Saint Suaire ? Prenez ensuite la route vers les Langhe, la région des vignes qui donnent naissance aux grands vins rouges du Piémont.

Jour 3
Découverte des douces collines des Langhe 189 km

Départ pour une belle promenade à travers les villages typiques et historiques des Langhe. Paysage bucolique où les collines sont parsemées de châteaux, forteresses et résidences royales. Faites une pause à La Morra, au magnifique panorama, puis poussez votre route jusqu'à Alba, capitale des Langhe. Partez en balade dans cette « ville aux cent tours » et offrez-vous la visite de l'imposant château de Grinzane Cavour, siège de l'œnothèque régionale gérée par l'Ordre des chevaliers de la truffe et des vins d'Alba. Terminez votre journée à Serralunga d'Alba pour visiter les caves à vin d'un ancien pavillon de chasse du roi Victor Emmanuel II. Une dégustation s'impose !

Jour 4
Les Langhe – Riviera di Levante
175 km

Route vers le cœur de la région vinicole du Moscato offrant de superbes vins de dessert dont l'asti spumante et le moscato d'Asti de renommée internationale. La région étant parsemée de caves historiques, arrêtez-vous au village médiéval de Canelli, un important centre vinicole situé entre le Monferrat et les Langhe. En après-midi, poursuivez la route jusqu'à Acqui Terme, charmante ville thermale aux jolies petites rues commerçantes. Avant la tombée de la nuit, rejoignez la Riviera di Levante, en Ligurie.

Jour 5
Excursion à Portofino

Embarquez-vous pour une agréable promenade en bateau jusqu'au petit port de Portofino, qui offre l'un des plus séduisants

11

Sirmione, au bord du lac de Garde

Turin

L'Italie

paysages de la Riviera italienne. Découvrez par la suite ce charmant village de pêcheurs, avec ses maisonnettes colorées au fond d'une crique naturelle.

Jour 6
Riviera di Levante – Cinque Terre – Montecatini Terme
210 km

Le matin, départ pour la découverte des Cinque Terre, composées des villages de Monterosso, Vernazza, Corniglia, Manarola et Riomaggiore. Cette côte est réputée pour sa beauté et son paysage très escarpé, planté de vignobles. Puis, en fin d'après-midi, départ pour Montecatini Terme, élégante station thermale de la région florentine.

Jour 7
Montacatini Terme – Florence **75 km**

Véritable musée à ciel ouvert, Florence a tout pour plaire. Voyez la Piazzale Michelangelo qui domine l'Arno et la ville, la Piazza della Signoria, le Ponte Vecchio, le Duomo, le baptistère et le campanile de Giotto.

Jour 8
Florence – Collodi – Région de Venise
350 km

Rendez-vous à Collodi, village rendu célèbre grâce à l'auteur de *Pinocchio*. Arpentez le jardin botanique, riche de plus de 200 espèces d'agrumes provenant du monde entier ! Continuation jusqu'en Vénétie en traversant la chaîne des Apennins, immense ensemble de volcans pour la plupart éteints aujourd'hui.

Jour 9
Venise

Venise, l'incontournable ! À bord d'un *vaporetto*, découvrez son Canal Grande, bordé de palais anciens magnifiquement décorés, révélant toute la splendeur de cette ancienne république maritime. Découvrez la place et la basilique Saint-Marc, le campanile, la tour de l'horloge et le pont des Soupirs. Prenez le temps de vous perdre dans le labyrinthe de ses rues étroites habitées par les artisans vénitiens.

Jour 10
Venise – Vérone – Lac de Garde **225 km**

Aujourd'hui, faites route vers la Lombardie. Découvrez Vérone, un modèle parfait d'intégration entre les architectures de la Renaissance, du Moyen Âge et de l'époque romaine. Voyez les maisons historiques de Roméo et de Juliette, la vieille ville et son château Scaligeri,

Saveurs d'Italie et le Ticino 11

Florence

Monte Generoso

Le sommet du Monte Generoso, à 1 704 m d'altitude, offre l'un des plus beaux panoramas de Suisse. Les contemplatifs accèderont à son sommet par un petit train à crémaillère au départ de Capolago, au bord du lac de Lugano. Des Apennins aux Alpes, on y observe et admire le nord de l'Italie, la région des Lacs et la chaîne des Alpes. Une fois tout en haut, une multitude d'activités est proposée aux voyageurs : balade le long des nombreux sentiers, spéléologie, excursion en VTT, parapente, observation des oiseaux, astronomie.

sans oublier les Arènes romaines. Poursuivez votre route en direction du lac de Garde.

Jour 11
Lac de Garde

En bateau, naviguez jusqu'à Sirmione, station thermale et balnéaire située sur une péninsule et que l'on surnomme la « perle du lac de Garde ». Profitez de la visite de la ville pour savourer la cuisine locale dans l'un de ses nombreux restaurants. En après-midi, continuez votre route vers un vignoble où vous aurez la chance d'apprécier ce vin vénitien qu'est le valpolicella.

Jour 12
Lac de Garde – Milan – Région de Lugano 232 km

Vous êtes désormais à Milan, capitale de la Lombardie. Poussez la porte de l'église Santa Maria delle Grazie et voyez sa fresque de *la Cène* de Léonard de Vinci. Milan abrite également le théâtre de la Scala, célèbre opéra lyrique. Entrez au cœur de cette œuvre architecturale d'importance. En après-midi, partez pour la Suisse italienne afin de rejoindre le canton du Tessin, le Ticino. Sur place, prenez le train à crémaillère pour faire la montée du Monte Generoso.

Jour 13
Lugano

Lugano, superbe ville cosmopolite à taille humaine. Parcourez à pied la vieille ville sur la Via Nassa, aux arcades bordées de magasins élégants. En funiculaire, possibilité d'excursion au Monte Brè, d'où vous aurez une vue splendide sur Lugano et l'impressionnant Monte Rosa. Poussez votre chemin jusqu'au village de Brè et découvrez les vieilles maisons en pierre et les nombreuses fresques artistiques éparpillées sur les murs du village et dans certains établissements. Un joli ravissement !

L'Italie

Positano

12

- **12 jours**
- Boucle au départ de **Rome**

Pour qui ? Pourquoi ?

Un voyage à la carte pour les archéologues en herbe et ceux qui souhaitent parfaire leur connaissance de l'Antiquité grecque et romaine dans l'un des plus beaux cadres qu'offre la Méditerranée.

Inoubliable…

- *Découvrir les ruines émouvantes de Pompéi.*
- *Voyager dans le temps dans la vallée des Temples d'Agrigente.*
- *Explorer les pittoresques trulli d'Alberobello.*
- *Voir les plaines d'oliviers centenaires en Calabre.*
- *Jouer au spéléologue dans les grottes de Castellana.*

L'Italie

L'Italie du Sud et la Sicile

L'Italie du Sud est une ensorceleuse… Vous n'échapperez pas à la séduction pleine de douceur de l'île de Capri, à la fascination émouvante des ruines de Pompéi. C'est en Sicile que les Grecs et les Romains nous ont laissé leurs plus saisissantes merveilles, dominées par la silhouette majestueuse de l'Etna. Venez les découvrir au fil d'un circuit au cœur d'un passé si glorieux. Voici un voyage riche en histoire, en archéologie et en découvertes. De plus, les paysages idylliques, la mer turquoise, la douceur du climat et la gastronomie des Pouilles ne pourront que rendre votre séjour inoubliable.

L'Italie du Sud et la Sicile 12

Votre guide : Fabrizio Pagliaroli *(voir p. 201)*

Son coup de cœur : *Ségeste*

Le temple dorique de Ségeste, situé dans un paysage naturel de Sicile d'une beauté sublime, est pour moi imbattable côté coup de cœur. Cette élégante structure grecque admirablement préservée provoque chaque fois en moi une vive émotion. Son site y est sans doute pour quelque chose, mais le fait qu'on puisse y entrer et ainsi pénétrer littéralement dans l'histoire constitue son plus grand atout. Et puis, lorsqu'on s'éloigne un peu jusqu'au sommet de la colline où se trouve le théâtre antique, la vue en plongée sur ce bijou dans son écrin de verdure est absolument fabuleuse !

Taormine

Itinéraire

Jour 1
Rome – Golfe de Naples 275 km

Depuis Rome, faites route vers la Campanie et Pompéi, ville en son temps somptueuse, ensevelie sous les cendres par l'éruption du Vésuve en 79 après J.-C. Offrez-vous la visite guidée des vestiges émouvants et grandioses d'une cité romaine de l'époque impériale.

Jour 2
Côte Amalfitaine – Matera 275 km

Départ pour la spectaculaire côte Amalfitaine. Admirez et photographiez quelques-uns des plus célèbres paysages du monde. Faites une pause au belvédère à Positano, pour jouir d'un panorama exceptionnel sur toute la côte. Découvrez Amalfi, petite ville d'allure espagnole. Puis, partez explorer Matera, reconnue pour ses habitations troglodytiques, classées au patrimoine mondial de l'UNESCO.

Jour 3
Matera : excursion à Castellana et à Alberobello 168 km

Poursuivez votre voyage vers la région des Pouilles. Visitez les grottes de Castellana, creusées par les rivières souterraines dans la roche de calcaire. Portez une attention toute particulière à la Grotte Blanche, qui étincelle grâce à ses cristaux de calcite. Continuez ensuite vers Alberobello et visitez la ville et son important quartier de *trulli*, curieuses habitations de forme conique.

Jour 4
Matera – Siderno 365 km

Rejoignez la Calabre, région reconnue pour son patrimoine viticole et archéologique. Terre d'accueil de la civilisation grecque, la Calabre fut, durant l'Antiquité, l'un des hauts lieux de la Magna Grecia (la Grande Grèce).

Jour 5
Siderno – Messine – Région de Taormine 185 km

En matinée, découvrez Siderno, un village typiquement calabrais, puis continuez par la route vers la côte des Jasmins. Arrêt photo à Scilla, petit village de pêcheurs d'espadons, connu grâce à la légende d'Ulysse. Puis, embarquez-vous pour la traversée jusqu'en Sicile ! Depuis Messine, votre port d'entrée en Sicile, continuation vers Taormine, perle

12

Alberobello

L'Oreille de Dionysos, Syracuse

Céramique sicilienne à Caltagirone

L'Italie

de l'île dominée par le plus haut volcan d'Europe, le mont Etna.

Jour 6
Taormine

Partez pour le centre de Taormine et offrez-vous une visite guidée de cette ville au site historique spectaculaire : théâtre grec, Corso Umberto, jardins de la Villa Communale. En après-midi, partez en excursion au mont Etna, volcan toujours en activité.

Jour 7
Catane – Syracuse
100 km

Détruite à plusieurs reprises par les éruptions du mont Etna, la ville de Catane est un port actif et une ville commerçante dynamique. Voyez entre autres la place du Dôme, la Via Etna et le Castello Ursino, qui abrite le musée municipal. Poursuivez vers Syracuse, superbement située dans une baie. Une visite guidée vous permettra de découvrir ses célèbres sites archéologiques.

Jour 8
Syracuse – Caltagirone – Piazza Armerina
177 km

Débutez votre journée par la visite de Caltagirone, reconnue pour sa fabrication de céramique sicilienne, présente partout dans le mobilier urbain. Enchaînez avec la visite de Piazza Armerina et découvrez la villa romaine du Casale, dont les sols de chaque pièce sont magnifiquement décorés de mosaïques colorées.

Jour 9
Agrigente, la vallée des Temples
100 km

Agrigente, ancienne ville grecque riche en sites archéologiques. Explorez les temples doriques et les vestiges des murs de l'antique cité grecque d'Akraga.

Jour 10
Ségeste – Palerme
208 km

Départ pour Ségeste, important centre archéologique. Visitez son temple dorique, perché sur le mont Barbaro, et son splendide théâtre antique. Rejoignez en fin de journée la région de Palerme.

L'Italie du Sud et la Sicile 12

Mosaïques de Pompéi

Agrigente

Jour 11
Palerme et traversée vers Civitavecchia

Bâtie au fond d'une ample et magnifique baie derrière laquelle s'étend une plaine d'une fertilité extraordinaire, Palerme vous enchantera. Une visite de la capitale de la Sicile s'impose pour en découvrir tous les secrets. En après-midi, faites une balade jusqu'au mont Pèlerin pour y contempler le splendide panorama sur Palerme et la Conca d'Oro. Puis, embarquez-vous pour la traversée de nuit en direction de Civitavecchia.

Jour 12
Civitavecchia – Rome 100 km

Arrivée en matinée au port de Civitavecchia, puis regagnez Rome, la capitale.

Séjourner en masseria

La région des Pouilles offre aux voyageurs son lot de *masserie*, ces anciennes fermes traditionnelles datant parfois du XVe siècle, réorganisées aujourd'hui en hébergement tout confort. Séjourner en *masseria*, c'est également faire de l'agrotourisme puisque les propriétaires cultivent généralement sur place les produits que vous retrouverez au menu le soir venu. C'est un havre de dégustation et de découverte dans un cadre authentique qui rappelle aux visiteurs l'histoire passée de ces belles grandes maisons familiales.

L'Italie

13

L'Italie

▶ **4 jours**

▶ De **Porto Cervo** à **Alghero**

Pour qui ? Pourquoi ?

Le décor parfait pour les randonneurs en quête de paysages pastoraux, de villages pittoresques haut perchés et de plages sauvages oubliées…

Inoubliable…

- *Découvrir Porto Cervo et ses superbes voiliers amarrés.*
- *Voir les impressionnantes fresques historiques sur les murs de la ville d'Orgosolo.*
- *Parcourir à pied les hautes terres de l'île en compagnie de bergers.*
- *Partir à la découverte de la grotte de Neptune à Alghero.*

La Sardaigne

Encore trop méconnue, la Sardaigne se voit souvent boudée par les voyageurs qui préfèrent un séjour en Corse ou en Italie continentale. Plusieurs d'entre vous hésitent encore à savoir si cette île est française ou italienne et soyons francs, certains se demandent toujours où elle se trouve exactement. La Sardaigne est italienne et est située au cœur de la Méditerranée, entre la Corse et la Tunisie. On pourrait la voir d'emblée comme une destination balnéaire de choix. Mais tout comme la Corse et la Sicile, la Sardaigne n'est pas que maritime. Certains Sardes affirment que la vraie Sardaigne se niche dans les hautes terres. Quoi qu'il en soit, jugez-en par vous-même : partez à la découverte de cette île de contrastes, de beauté et d'enchantement.

Alghero

Itinéraire

Jour 1
Golfe d'Arzachena – Orgosolo 48 km

La Costa Smeralda, aux eaux vert émeraude, est faite de contrastes. D'une part, les plages sauvages et les falaises escarpées de la Vallée de la Lune, et de l'autre, Porto Cervo, ses hôtels de charme et sa marina d'un luxe inouï. Avec son côté mondain, Porto Cervo est le paradis de la voile et des photographes... Même si l'on préfère les plages désertes au jet-set, un temps d'arrêt s'y impose. Puis, route à travers les collines vers Orgosolo, ville renommée pour les murales de ses maisons qui racontent la fierté d'un peuple et l'expression de la résistance sarde.

Jour 2
Dorgali – Excursion avec les bergers sardes

Accompagné de bergers sardes, partez explorer les hautes terres de l'île. En chemin, arrêtez-vous à la source du lac de Cedrino à Su Gologone, qui se jette dans le golfe d'Orosei. Au cœur d'un décor pastoral, offrez-vous un goûter campagnard de spécialités régionales.

Jour 3
Dorgali – Palmavera – Alghero 169 km

Ce matin, départ pour la côte occidentale et Alghero, charmant petit port entouré d'oliviers et d'eucalyptus. Offrez-vous une visite de la vieille ville à l'allure catalane : la tour Garibaldi, la cathédrale Santa Maria ou encore la Piazza Civica. Tout près, visitez le village de Palmavera, dont le site préhistorique est le plus caractéristique de la civilisation des peuples nuragiques, unique en Méditerranée.

Jour 4
Alghero

Promenez-vous sur les remparts d'Alghero et dégustez les spécialités régionales ou participez à une excursion à la merveilleuse grotte de Neptune. Pourquoi ne pas terminer la journée dans les caves de la maison Sella & Mosca accompagné d'un verre de spumante ?

Time in Jazz

Terre natale du trompettiste Paolo Fresu, la Sardaigne accueille chaque été le festival Time in Jazz. Dans le cadre exceptionnel des montagnes de Berchidda, les représentations ont lieu autant au cœur des places publiques que dans les petites chapelles ou même dans les bois. La réputation du festival n'est plus à faire ; il reçoit désormais des artistes de calibre international. Paolo Fresu, à l'origine de l'évènement, dit avoir voulu redonné à l'île un peu de ce qu'elle lui avait donné.

L'Italie

14

L'Italie

Statue de Jules César, Forum romain

▶ **6 jours**

▶ Séjour à **Rome**

Pour qui ? Pourquoi ?

Pour boire et manger ! Mais également pour tous les passionnés de l'esprit, de l'ambiance et surtout de l'histoire méditerranéenne.

Inoubliable…

▶ *Savourer une glace italienne chez Giolitti, véritable institution romaine.*

▶ *Prendre l'apéro au marché Volpetti.*

▶ *Découvrir le Colisée, le Panthéon et le Vatican.*

▶ *Pique-niquer à la Villa Borghese.*

▶ *Explorer la ville sur les berges du Tibre.*

Escapade à Rome

Ah ! Rome ne fut pas bâtie en un seul jour ! Il vous faudrait vous aussi des mois pour tout voir et encore ! En revanche, quelques jours suffisent pour s'imprégner de son atmosphère vivante et effervescente. Rome impressionne puisqu'elle possède la plus grande concentration de monuments historiques et archéologiques au monde. Son histoire est religieuse, antique, contemporaine et institutionnelle. Aucun visiteur n'est en reste dans cette capitale qui a tout à offrir. Mais surtout, on apprécie Rome pour son art de vivre, son effervescence continue, sa cuisine et ses marchés. On y va pour s'éterniser à la table d'un café, déguster une glace, ou encore on flâne le long des berges du Tibre…

Fontaine de Trévi

Colisée

Basilique Saint-Pierre du Vatican

Itinéraire

Jours 1 et 2
Rome classique
À pied, offrez-vous les incontournables visites guidées où vous verrez la Rome classique, ainsi que les plus beaux monuments comme la place de Venise, le Capitole dont la place fut dessinée par Michel-Ange, le Colisée, symbole indubitable de la Ville éternelle, le Forum impérial et le Forum romain.

Jour 3
Rome baroque
Ce matin, découvrez la Rome baroque : le Panthéon, sanctuaire des rois d'Italie, la place Navone et la place d'Espagne, élégamment encadrée de bâtiments de couleur ocre. Profitez de l'après-midi pour une excursion aux musées du Vatican et à la chapelle Sixtine. À la tombée du jour, voyez la fontaine de Trévi, magnifiquement éclairée le soir venu.

Jours 4 à 6
Le Campo de' Fiori, la Villa Borghese et le Tibre
Imprégnez-vous maintenant du quotidien des Romains. Découvrez les différentes *piazze* de la ville dont la place de Campo de' Fiori, où se tient chaque matin un important marché aux étals colorés. Faites-y quelques emplettes, puis partez à la découverte du quartier par le dédale de ses ruelles peuplées de boutiques d'artisans. Prenez un bol d'air frais à la Villa Borghese, plus grand espace vert de Rome. Le parc abrite un lac, un temple, des fontaines magnifiques, des statues et plusieurs musées. Pour terminer, les balades le long du Tibre sont à privilégier. Le cadre unique et enchanteur vous laissera un souvenir des plus bucoliques de la ville. Montez à bord d'une péniche ou marchez sur les berges du fleuve pour un dernier coup d'œil sur la Ville éternelle.

Rome côté mer
Pour fuir la chaleur cuisante de Rome en plein été, faites comme les Romains et prenez le train jusqu'à Ostia, petite station balnéaire édifiée au début du XXe siècle, située au sud-ouest de Rome. Les Romains y viennent aujourd'hui pour s'y baigner et s'y reposer en famille le temps d'une journée. Les établissements balnéaires le long du Lido d'Ostia proposent une multitude de services tels que des équipements sportifs, d'excellentes trattorias, des cafés, des pubs, bref de quoi satisfaire tous les goûts. On y trouve également de jolis hôtels et de belles villas à louer. Un endroit de repos à privilégier pour prendre une pause du brouhaha romain.

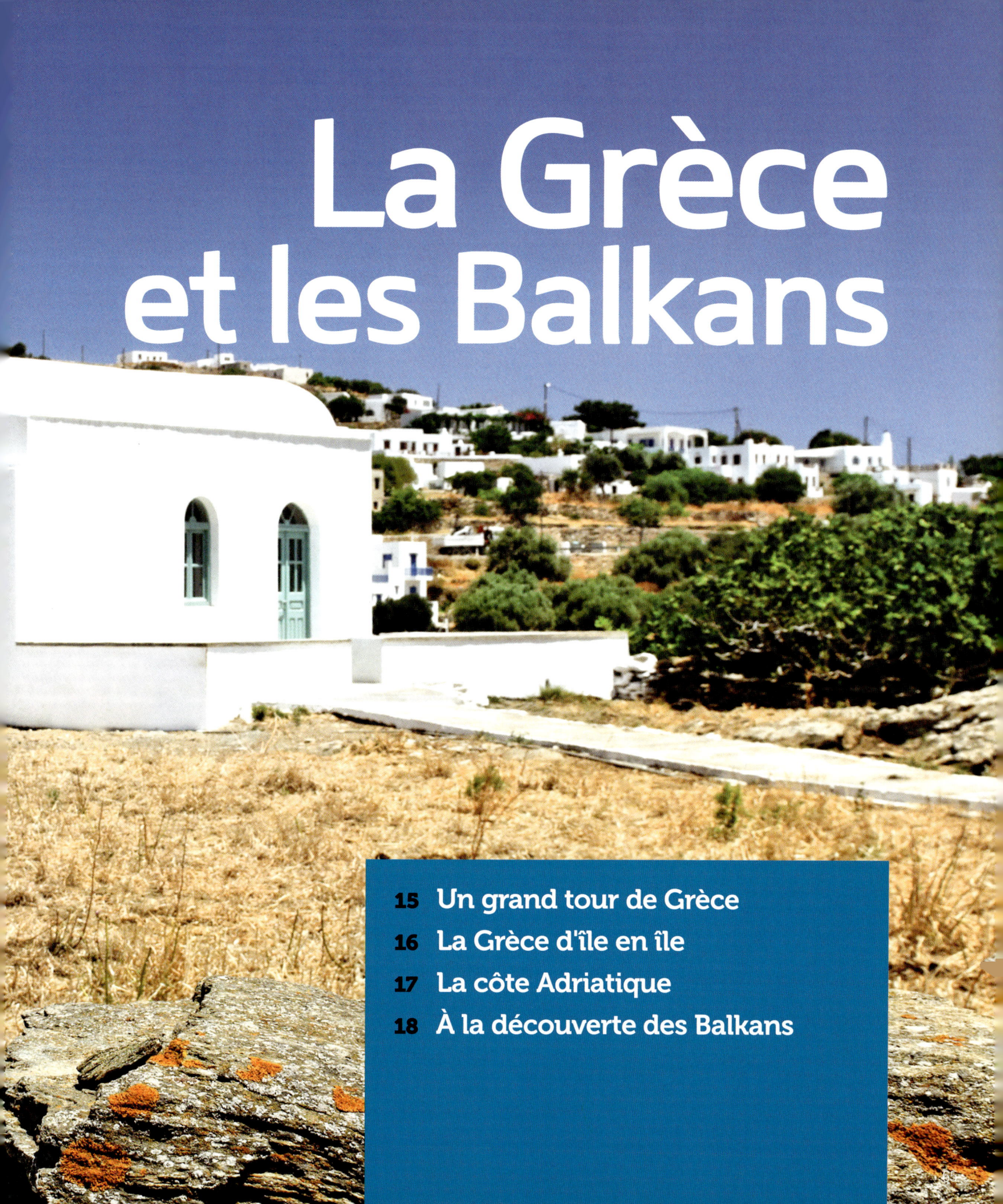

La Grèce et les Balkans

- **15** Un grand tour de Grèce
- **16** La Grèce d'île en île
- **17** La côte Adriatique
- **18** À la découverte des Balkans

15

Delphes

La Grèce et les Balkans

▶ **14 jours**

▶ Boucle au départ d'**Athènes**

Pour qui ? Pourquoi ?

Parfaite pour un premier voyage en Grèce, voici une sélection des incontournables à voir absolument, tant sur le continent que dans les îles de la mer Égée.

Inoubliable…

▸ *Découvrir l'Acropole d'Athènes, le Parthénon et le temple d'Athéna.*

▸ *Visiter le site archéologique d'Olympie.*

▸ *Se promener sur les collines de Santorin au coucher du soleil.*

▸ *Se mêler au jet-set sur l'île de Mykonos.*

Un grand tour de Grèce

La Grèce est le pays d'Europe où l'on entend le mieux le bruissement des siècles. Des murs cyclopéens de l'homérique Mycènes jusqu'à l'imposant Parthénon de l'Acropole athénienne, en passant par les sanctuaires panhelléniques de Delphes et d'Olympie, ce voyage au cœur du Péloponnèse, de l'Attique et de la Phocide vous propose de parcourir les hauts lieux de la culture grecque antique, mais aussi d'appréhender les vestiges de la civilisation byzantine à Mystras.

Un grand tour de Grèce 15

Evzones d'Athènes

Mosaïque de Corinthe

Votre guide : Anne Benaki (voir p. 200)

Son coup de cœur : Olympie

C'est à Olympie que Zeus institua les premiers Jeux, mettant aux prises les Dieux et les Héros. Situé au pied du mont Kronion, au milieu du bois sacré, le sanctuaire panhellénique perpétue le souvenir des grandes manifestations gymniques et religieuses qui avaient lieu ici, à travers ses vestiges parmi lesquels figurent un grand stade, le gymnase, la palestre, l'atelier de Phidias ainsi que le temple d'Héra, le plus ancien, et celui de Zeus, à proximité duquel se trouvait le feu sacré : la flamme olympique. C'est toujours à cet endroit que commence le périple de la flamme pour les Jeux olympiques modernes. Mais pour moi, c'est la visite du musée archéologique qui représente le sommet de l'expérience à vivre ici. Trois moments forts en ponctuent la visite : le décor sculpté reconstitué du temple de Zeus, l'Hermès de Praxitèle et la statue de Zeus enlevant Ganymède.

Itinéraire

Jour 1
Athènes – Tolo 200 km

Dès votre arrivée en Grèce, dirigez-vous vers le Péloponnèse, région riche en sites archéologiques. Voyez le canal de Corinthe, tranchée impressionnante qui relie la mer Égée et la mer Ionienne. Continuation jusqu'à Tolo, petite station balnéaire.

Jour 2
Épidaure – Mycènes 100 km

Partez à la découverte de l'Argolide, berceau des Atrides. Visitez Épidaure et explorez le théâtre antique le plus vaste du monde, à l'acoustique inimitable. Puis, découvrez Mycènes et voyez les vestiges de l'Acropole fortifiée : sa célèbre porte des Lionnes et le tombeau des Atrides.

Jour 3
Mystras – Sparte 130 km

Faites route vers Sparte. Au travers d'une campagne fertile plantée d'oliviers, Mystras vous apparaîtra telle une « tache blanche » se détachant sur le fond sombre du massif du Taygète. Puis, visitez Sparte, cette ville byzantine offrant un ensemble exceptionnel de monastères et d'églises.

Jour 4
Olympie 180 km

Route vers l'impressionnant site archéologique d'Olympie, où, durant 1 000 années, se déroulèrent les Jeux olympiques : voyez entre autres le sanctuaire et les vestiges du gymnase et du stade.

Jour 5
Delphes 240 km

Arrivée à Delphes par la « Mer des oliviers » et la vallée du Pléistos. Explorez la ville des oracles et ses vestiges religieux et profanes : le sanctuaire d'Apollon, le trésor des Athéniens, la Voie sacrée. Faites la visite du musée qui renferme des collections de poteries et de statues dont le célèbre « aurige de Delphes » en bronze.

Jour 6
Kalambaka et les Météores 210 km

Dans un décor de montagnes qui évoque l'univers fantastique de Jérôme Bosch, les Météores comptent parmi les plus remarquables curiosités de la Grèce. Visitez les monastères des Météores tenus par des moines à longue barbe qui semblent sortis d'un autre âge.

La Grèce et les Balkans

15

Les Météores

Bouzoukis à vendre à Athènes

Delos

La Grèce et les Balkans

Jour 7

Athènes 380 km

Partez à la découverte d'Athènes, berceau de la civilisation occidentale et capitale politique depuis 2 500 ans. Voyez les principaux monuments de la ville : le parlement gardé par ses célèbres Evzones, les bâtiments néoclassiques et le temple de Zeus et sa fameuse porte d'Adrien. Le moment fort sera sans conteste la visite de l'Acropole. Accédant au site par les Propylées, entrée monumentale, on découvre tout d'abord le Parthénon, puis le temple d'Athéna Niké (la Victorieuse) et l'Érechthéion.

Jours 8 à 10

Santorin

Santorin, l'un des centres de la civilisation cycladique aux couleurs tranchées, aux maisons blanches à moitié encavées et aux chapelles à toit bombé. Tous ces éléments donnent à l'île un réel sentiment d'éternité. La visite du musée préhistorique de Fira s'impose, afin de découvrir les restes d'Akrotiri, une ville détruite par l'éruption du volcan. Poursuivez vers le village d'Oia, royaume du calme et de la tranquillité avec ses ruelles en escalier dégringolant le long des rochers, ses demeures troglodytiques et ses dômes éblouissants.

Un grand tour de Grèce

L'Acropole, Athènes

Jours 11 et 12
Paros

Plaque tournante des Cyclades, Paros doit sa célébrité à la qualité de son marbre blanc qui sert entre autres à la sculpture de la *Vénus de Milo*. Ses villages authentiques aux maisons blanchies à la chaux, ses pittoresques ports de pêche et ses monastères dispersés dans l'arrière-pays en font l'une des îles les plus sympathiques. Sur place, ne manquez pas de découvrir l'église d'Ekatontapyliani, les anciennes carrières de marbre de Marathi, la capitale Parikia et le port pittoresque de Naoussa.

Jour 13
Delos et Mykonos

Consacrez votre journée à la découverte des îles de Delos et de Mykonos. Plus petite île des Cyclades, Delos présente un des ensembles de ruines les plus remarquables de la Grèce. Mykonos, quant à elle, est l'île où se donne rendez-vous le jet-set international. Avec ses villages aux façades immaculées et aux ruelles sinueuses bordées de restaurants et de boutiques, Mykonos est sans aucun doute l'une des îles les plus connues.

Jour 14
Athènes

Retour à Athènes. Profitez de ces derniers moments dans la capitale pour découvrir les secteurs plus populaires de la ville tels que le quartier de Plaka, le marché central, le marché aux puces de Monastiraki ou la colline de Lycabette pour la vue panoramique de la ville.

La Grèce à la carte

République hellénique

Capitale Athènes

Langue officielle grec

Religion christianisme orthodoxe (98% de la population)

Un plat la *moussaka*, plat traditionnel composé d'aubergines, d'oignons et de viande hachée

Un artiste Nana Mouskouri

Lecture *L'Iliade* et *L'Odyssée* d'Homère

16

▶ **11 jours**

▶ Boucle au départ d'**Athènes**

Pour qui ? Pourquoi ?

Un voyage sur mesure pour ceux qui aiment naviguer, faire le plein de soleil et profiter des plus beaux sites archéologiques des Cyclades et du Dodécanèse.

Inoubliable…

▶ *Parcourir les charmantes rues de Pláka, quartier effervescent de la capitale grecque.*

▶ *Apercevoir les villages blancs au sommet des falaises en pénétrant dans la caldeira de Santorin.*

▶ *Manger à l'ombre des oliviers sur l'île de Crète.*

▶ *Naviguer au rythme de la mer Égée.*

La Grèce d'île en île

Voici un circuit combinant des étapes sur certaines îles des Cyclades : Tinos, forte de la beauté paisible de ses campagnes et de ses côtes, Mykonos, la plus typique des îles grecques avec ses moulins à vent étincelants, et Santorin, qui offre aux voyageurs ses petits villages blancs aux dômes bleus accrochés au sommet des falaises. En bateau sur la mer Égée, naviguez de Kuşadasi, en Turquie, à Patmos, « l'île sacrée ». Au fil des vagues, découvrez Rhodes, la plus grande île du Dodécanèse, avec ses villages de pêcheurs, ses paysages dramatiques passant des pics rocheux chauffés à blanc par le soleil aux collines couvertes d'oliviers.

La Grèce et les Balkans

La Grèce d'île en île

Oia, Santorin

Votre guide : Anne Benaki (voir p. 200)

Son coup de cœur : Santorin

L'arrivée à Santorin par bateau me réserve chaque fois des émotions d'une rare intensité. Ses hautes falaises surplombant les eaux azurées, avec ses villages blancs perchés tout en haut, émerveillent les plus blasés. Puis, après le débarquement, quand le bus entreprend sa montée par une étroite route en lacets dont chaque tournant réserve une vue toujours plus magnifique sur la Caldeira, les larmes me viennent aux yeux tant le spectacle est à couper le souffle. Puis, il faut se rendre tout au bout de l'île, dans le village d'Oia. Le site, magnifique, a inspiré de nombreux artistes avec ses ruelles en escalier dégringolant le long des rochers, ses demeures troglodytiques et ses dômes éblouissants.

Itinéraire

Jours 1 et 2
Athènes

Impossible de s'ennuyer à Athènes, berceau de la civilisation occidentale. En un jour ou deux, découvrez les sites archéologiques majeurs, les musées byzantin et Benaki, le Musée national, le faubourg populaire de Monastiraki et, bien sûr, l'Acropole et le quartier de Pláka, situé en contrebas. Passez une soirée dans le quartier de Psirri, encore si peu connu des voyageurs. C'est ici que les Athéniens passent leurs soirées et pour cause. Dans ce quartier très vivant et dynamique, les restaurants sont excellents, l'atmosphère est agréable, et les prix sont très abordables.

Jour 3
Athènes – Tinos 182 km

En bateau, traversez la mer Égée à destination de l'île de Tinos. Une île moins connue des touristes, mais très importante pour les Grecs orthodoxes puisqu'elle est le lieu d'un important pèlerinage marial annuel (on la surnomme d'ailleurs « l'île de la Vierge »). Aussi, son exposition particulière aux vents du nord en a fait, dans la mythologie, la demeure d'Éole.

Jour 4
Tinos

L'île de Tinos compte plus de 60 villages traditionnels, mélange d'architecture cycladique et d'influence vénitienne. Visitez le monastère du Kechrovouni, habité par des religieuses. Faites une pause à Volax, ce petit village réputé pour la fabrication artisanale de paniers en osier.

Jour 5
Tinos – Mykonos 22 km

Embarquement à bord du traversier pour l'île de Mykonos, l'une des plus belles îles des Cyclades avec ses maisons blanches, ses ruelles bordées de petites églises et ses moulins à vent.

Jour 6
Mykonos : excursion à Delos

Commencez votre journée par la visite de la ville antique de Delos, qui présente un des ensembles de ruines les plus remarquables de Grèce : un grand sanctuaire panhellénique, une grotte et un lac sacré.

Jour 7
Kuşadasi – Patmos

Aujourd'hui, dirigez-vous vers Kusadasi, ville portuaire de Turquie sur la mer Égée. Partez explorer Éphèse, ville gréco-romaine la plus

La Grèce et les Balkans

Mykonos

Rhodes

La Grèce et les Balkans

Santorin : le mythe de l'Atlantide

Le volcan Santorin explosa vers 1645 av. J.-C., ce qui fut probablement l'une des plus importantes éruptions de l'Antiquité. Cet évènement serait plausiblement à l'origine du mythe de l'Atlantide, continent légendaire qui fut submergé alors qu'il atteignait une période importante de prospérité. À la lumière de différents textes et découvertes archéologiques, plusieurs hellénistes et volcanologues croient que l'Atlantide aurait un lien avec la disparition de la civilisation minoenne. La côte ouest de l'île de Santorin est interrompue subitement par une falaise qui tombe à pic dans une immense cuvette maritime. On trouve précisément à cet endroit l'île de Thirassía et l'îlot inhabité d'Aspronissi. Leurs formes laissent supposer que Santorin, Thirassía et Aspronissi constituaient jadis le profil d'une autre île bien plus grande.

La Grèce d'île en île

importante des cités ioniennes. Puis, continuez vers Patmos, où vous pourrez visiter le monastère Saint-Jean-le-Théologien, classé au patrimoine mondial de l'UNESCO.

Jour 8
Rhodes

Départ pour Rhodes, une île couverte de collines boisées et de vallées verdoyantes, entourée d'une mer de saphir. Ses plages de sable blond, ses galets étincelants et son ensoleillement continu en font un véritable joyau au cœur de la mer.

Jour 9
Héraklion

Consacrez la journée à la découverte de la ville d'Héraklion, capitale de la Crète. Visitez son vieux port, où existent encore quelques éléments de l'arsenal vénitien, telle la forteresse de Koules. Également, à une dizaine de kilomètres du centre, ne manquez pas le mont Iouchtas. Avec son altitude de 811 m, il se prête bien aux randonnées et aux excursions. Les flancs du mont sont parsemés de petits villages typiques à découvrir.

Jours 10 et 11
Santorin – Athènes

Santorin correspond indubitablement à l'image que l'on se fait de la Grèce, avec ses villages blancs aux dômes bleus perchés au sommet des falaises. Faites le tour de l'île afin de découvrir la capitale Fira et son musée préhistorique, la très jolie ville d'Oia, avec ses galeries d'art et ses restaurants, et Akrotiri, l'un des sites archéologiques d'importance de la Méditerranée. Terminez votre séjour à bord du traversier en direction du Pirée, port d'Athènes.

17

Rovinj, Croatie

La Grèce et les Balkans

▶ **12 jours**

▶ De **Zagreb** à **Dubrovnik**

Pour qui ? Pourquoi ?

Un voyage pour ceux qui cherchent à connaître un visage peu connu de l'Europe, à mi-chemin entre l'Empire austro-hongrois et le Proche-Orient…

Inoubliable…

▶ Découvrir les magnifiques capitales de Zagreb et Ljubljana.

▶ Randonner au cœur du parc national de Plitvice.

▶ Explorer les charmants villages du littoral croate.

La côte Adriatique

De Ljubljana à Zagreb en passant par Mostar et Dubrovnik, découvrez tout le charme de la côte Adriatique, où les nombreuses îles sauvages se marient avec un patrimoine culturel et historique inestimable. Il est d'ailleurs étonnant de savoir que cette région dense, composée de six républiques, puisse offrir autant : stations de ski, plages somptueuses, châteaux et forteresses, bazars ottomans et cafés. Les étrangers en savent encore trop peu sur les beautés des Balkans. Des paysages montagneux de Slovénie aux plages de la côte, ce circuit vous montrera un tout autre visage de l'Europe.

La côte Adriatique 17

Cathédrale de Poreč, Croatie

Votre guide : Valérie-Christine Plisko (voir p. 201)

Ses coups de cœur :
Le château de Ljubljana et la Porte Geminee à Pula

J'ai choisi de partager avec vous deux coups de cœur, l'un en Slovénie et l'autre en Croatie. D'abord, le château de Ljubljana, situé sur une colline qui surplombe la ville, est à mes yeux l'un des plus beaux de Slovénie. On y accède par un funiculaire. Construit au XIIe siècle, il offre une vue magnifique sur la cité. À l'intérieur, vous trouverez la Galerie Rustika et un musée virtuel représentant le château et la ville au cours des siècles. Sur la colline s'élève aussi un monument qui commémore la révolte paysanne slovène.

À Pula, en Croatie, très peu de gens savent que, de la Porte Geminee, ou Porte d'Hercule, on peut accéder aux souterrains qui débouchent près de la cathédrale. Un parcours intéressant, presque inconnu du public, où se cachaient les chrétiens persécutés par les Romains…

Ljubljana et son château, Slovénie

Itinéraire

Jour 1
Zagreb

Zagreb, point de rencontre entre l'ouest et l'est de l'Europe, offre une atmosphère bien particulière. Si vous ne passez que peu de temps dans la capitale, rendez-vous à Kaptol, l'un des quartiers centraux de la ville et poussez la porte de l'immense cathédrale de Zagreb. Puis, rendez-vous au marché de Dolac, lieu de rencontre dynamique des Zagrébois, où l'on trouve de tout : fruits et légumes frais, poissons de l'Adriatique, artisanat et textiles. Terminez par le jardin botanique, magnifique espace vert dont l'entrée est située dans la rue Mihanovićeva et qui abrite plus de 10 000 espèces de plantes dont de nombreuses en voie de disparition.

Jour 2
Zagreb – Ljubljana 140 km

Départ pour Ljubljana, en Slovénie, dont les origines remontent à 34 avant J.-C. Découvrez l'élégance de ses bâtiments de style baroque, ainsi que son atmosphère aristocratique. Non loin du centre, admirez la beauté des célèbres grottes de Postojna, qui comptent parmi les plus fascinantes d'Europe.

Jour 3
Ljubljana – Pula – Poreč 259 km

Au matin, départ pour Pula, en Croatie, connue pour son amphithéâtre datant du Ier siècle avant J.-C., un des six plus vastes amphithéâtres au monde. Visitez le temple d'Auguste, dédié à la déesse Roma et à Auguste, l'empereur de Rome. Puis route vers Poreč, élégante station balnéaire avec sa basilique, classée au patrimoine mondial de l'UNESCO.

Jour 4
Poreč – Excursion à Rovinj et Grožnjan 85 km

Construite sur la presqu'île de Monte Rosso, Rovinj est considérée comme la plus belle ville de l'Istrie. Vous serez séduit par son atmosphère vénitienne. Puis, arrêt au magnifique fjord Lim, long de 12 km. Profitez de l'endroit pour le visiter en bateau. Terminez votre journée à Grožnjan, cité ancienne entourée de remparts.

Jour 5
Poreč – Rijeka 101 km

Avec son port ouvert sur l'Adriatique, Rijeka est un incontournable en Croatie, et une ville très visitée durant la haute saison. Allez vous balader sur le boulevard Korzo, moins connu des touristes, mais charmant avec ses boutiques

La Grèce et les Balkans

17

Toit de l'église Saint-Marc, Zagreb, Croatie

Dubrovnik, Croatie

La Grèce et les Balkans

et cafés alignés. Reprenez ensuite la route vers Opatija, surnommée « la Nice de l'Adriatique » et lieu de prédilection des Habsbourg : on y trouve encore de somptueuses villas à l'architecture autrichienne.

Jour 6
Opatija – Plitvice 183 km

Inscrit au patrimoine mondial de l'UNESCO, le parc national des lacs de Plitvice est le plus grand et le plus ancien parc national de Croatie. C'est entre autres par bateau et par petit train que vous découvrirez ses spectaculaires cascades vert émeraude, créées par 16 lacs superposés se déversant les uns dans les autres.

Jour 7
Plitvice – Zadar – Šibenik 219 km

Flânez au cœur des rues piétonnes de Zadar, dont les origines remontent à l'époque romaine. Puis, poursuivez votre route vers Šibenik, dont la vieille ville s'est développée au pied de la monumentale forteresse Sainte-Anne et a conservé ses caractéristiques de cité médiévale.

Libertas, le festival d'été de Dubrovnik

Depuis 1950, la ville de Dubrovnik est l'hôte d'un festival d'été à la programmation bien chargée : concerts de musique classique et de jazz, spectacles folkloriques et pièces de théâtre. Les représentations ont lieu dans différents sites de la ville : dans certaines églises, au monastère franciscain ou sur les places en plein air. Les artistes venus du monde entier viennent y partager leur passion, du début du mois de juillet à la fin du mois d'août.

Jour 8
Šibenik – Trogir – Split 120 km

Vous serez séduit par l'architecture de Trogir, véritable ville-musée ceinturée par d'anciens murs datant du XVe siècle. Poussez ensuite votre route jusqu'à Split. Voyez le charme de cette ville particulièrement marquée par l'époque romaine. Découvrez ses vieilles ruelles, son marché, et ne manquez pas une balade sur sa croisette.

Jour 9
Split – Mostar – Počitelj 187 km

Entrez en Bosnie-Herzégovine, direction Mostar. La vision du vieux pont qu'est le Stari Most, qui relie les deux parties de la ville, est à tout coup impressionnante. Rendez-vous ensuite à Počitelj. Prenez un café, attablé à l'une des nombreuses placettes de cette charmante ville qui a su garder son caractère oriental.

La côte Adriatique 17

Parc national des lacs de Plitvice, Croatie

Jour 10
Počitelj – Pelješac – Korčula 134 km

Départ pour la péninsule de Pelješac, puis, en bateau, transfert à l'île de Korčula. L'île est riche en vignobles et oliviers ; profitez de votre visite pour déguster le fameux vin de dessert fait à base de raisins Grk.

Jours 11 et 12
Korčula – Dubrovnik
92 km

Découvrez la vieille ville de Dubrovnik, jalonnée par la porte Pile, la Placa, la Luza, le palais Sponza et le fort Pinceta. Mais le tour à pied des remparts qui ceinturent la vieille ville sera indubitablement le point fort de votre visite. Du haut des murs, jetez un coup d'œil sur les jolis toits de la vieille ville. Les anciennes tuiles couleur ocre se marient à merveille avec les nouvelles tuiles toulousaines ajoutées après la guerre.

Albanie (République d'Albanie)

Capitale Tirana
Langue officielle albanais
Religions islam (65%), christianisme orthodoxe (20%), catholicisme (10%)

Bosnie-Herzégovine
(République de Bosnie-Herzégovine)

Capitale Sarajevo
Langues officielles bosnien et croate
Religions islam (40%), christianisme orthodoxe (31%), catholicisme (15%)

Croatie (République de Croatie)

Capitale Zagreb
Langue officielle croate
Religions catholicisme (89%), christianisme orthodoxe (4%), islam (1%)

Macédoine
(République de Macédoine)

Capitale Skopje
Langues officielles macédonien et albanais
Religions christianisme orthodoxe (66%), islam (33%)

Monténégro
(République du Monténégro)

Capitale Podgorica
Langue officielle monténégrin (version du serbo-croate)
Religions christianisme orthodoxe (75%), islam

Slovénie (République de Slovénie)

Capitale Ljubljana
Langues officielles slovène (régionalement : italien et hongrois)
Religions catholicisme (60%), christianisme orthodoxe (2%), islam (2%)

18

Budva, Monténégro

▶ **13 jours**

▶ De **Zagreb** à **Sarajevo**

Pour qui ? Pourquoi ?

Ceux qui souhaitent oublier l'agitation des grands centres urbains et des plages populaires de la Méditerranée pourront passer leurs vacances ici, au cœur des Balkans, là où la nature est encore préservée, et les villes accueillantes et hospitalières.

Inoubliable…

- *Assister à un concert de musique tzigane à Belgrade.*
- *Voir Mostar, avec ses deux parties réunies par le Stari Most.*
- *Prendre un café dans la vieille ville de Sarajevo et observer les orfèvres à l'œuvre.*
- *Monter à pied jusqu'à l'ancienne forteresse de Kotor et jouir d'un panorama exceptionnel sur les fjords monténégrins.*

À la découverte des Balkans

Partir à la découverte des Balkans, c'est voir une partie souvent peu connue des États du sud de l'Europe. Un itinéraire magique où tout est enchantement : des vertes vallées aux montagnes brûlées par le soleil des majestueux sites grecs aux châteaux du Moyen Âge en passant par des villes aux accents orientaux, véritables écrins de richesses de l'Adriatique albanaise, monténégrine et croate. Mais surtout, l'histoire récente et émouvante de cette partie de l'Europe ne laissera personne indifférent. En parcourant les pays de l'ex-Yougoslavie, apprenez-en davantage sur les tristes conflits des années 1990 et sur la manière dont chaque territoire a su se reconstruire pour retrouver sa brillance d'antan. Un véritable voyage au cœur de l'humanité.

À la découverte des Balkans

18

Votre guide : Valérie-Christine Plisko (voir p. 201)

Son coup de cœur : La « Baie des Os »

Sur le lac d'Ohrid, en direction du monastère Saint-Naum, se trouve la « Baie des Os », dans la localité de Ploča Mikov Grad. Différentes fouilles archéologiques subaquatiques ont permis la découverte de milliers de pieux de bois ainsi que de pièces de mobilier dont l'origine remonte de la fin de l'âge du bronze au début de l'âge du fer, une quantité impressionnante de récipients en céramique, des artéfacts en pierre et des fragments d'os d'animaux. Vous pourrez aussi vous promener sur le site reconstitué d'un village lacustre sur palafittes. Un incomparable voyage dans le temps…

Orfèvrerie, Sarajevo, Bosnie-Herzégovine

Belgrade, Serbie

La Grèce et les Balkans

Itinéraire

Jour 1
Zagreb

Parcourez le dédale de la vieille ville qui a su conserver son aspect médiéval. Observez les bâtiments du Parlement, l'église Saint-Marc, de style gothique, ainsi que la remarquable église Sainte-Catherine, de style baroque. La ville regorge de musées, mais aussi d'espaces verts : plusieurs grands parcs sont aménagés au cœur de la ville. Portez également une attention toute particulière au style « Sécession », un courant viennois de l'Art nouveau au tournant du XXe siècle. Zagreb fut en relation étroite avec les centres artistiques, dont Vienne, capitale de l'Autriche. Son architecture reflète par endroits cette période lumineuse de son histoire.

Jour 2
Zagreb – Novi Sad – Belgrade 467 km

Novi Sad, capitale de la région de Voïvodine, est placée depuis le XVIIIe siècle sous la protection de la vieille forteresse de Petrovaradin. La vieille ville conserve toujours la marque de l'architecture austro-hongroise baroque et néoclassique. Poursuivez la visite dans le parc de Fruška Gora, explorez les monastères des XVe et XVIe siècles et terminez la journée par une croisière sur le Danube.

Jour 3
Belgrade

Du Musée national, sur la place Terazije avec sa statue du prince Mihailo Obrenovic III, jusqu'à la rue piétonne Skadarska et ses restaurants typiques, ses peintres et ses musiciens tziganes, parcourez la capitale à votre rythme. Au cœur du parc de Kalemegdan, l'ancienne forteresse médiévale de Belgrade domine la Save et le Danube, et s'ouvre sur un panorama grandiose jusqu'à la cathédrale Saint-Sava, consacrée au fondateur de l'Église orthodoxe serbe. Plus grande église orthodoxe des Balkans, ses dimensions gigantesques permettent d'accueillir jusqu'à 10 000 fidèles.

Jour 4
Belgrade – Monastère de Manasija – Ohrid 520 km

Situé sur les contreforts des monts Kučaj et Beljanica, le monastère orthodoxe serbe de Manasija est un important centre culturel. Voyez à l'intérieur le pavement d'origine en marbre et les fresques dont une grande majorité a été conservée. Poursuivez votre route vers Ohrid, en Macédoine.

18

Ohrid, Macédoine

Musée historique national, Tirana, Albanie

La Grèce et les Balkans

Jour 5
Ohrid

Placée sous la protection de l'UNESCO, Ohrid est surnommée « la perle des perles » des Balkans. Dominant toute la ville, le monastère Saint-Clément renferme une riche collection d'icône ; à voir absolument ! La vieille ville est à découvrir à pied, avec ses maisons d'architecture ottomane aux grandes fenêtres et aux balcons rehaussés de bois, tout comme le quartier des marchands avec sa grande variété d'échoppes d'artisans. Le lac d'Ohrid mérite également une excursion : ses plages ainsi que son port de plaisance font de la ville la principale station balnéaire macédonienne.

Jour 6
Ohrid – Tirana 146 km

Le monastère de Saint-Naum, situé à 30 km de la ville d'Ohrid, est érigé au sommet d'une falaise dominant le lac. À l'intérieur, les ornements originaux datant du Xe siècle ont malheureusement disparu, mais on peut contempler aujourd'hui les fresques de l'église réalisées en 1806 par un artiste albanais : un magnifique travail représentant les actions de saint Naum, notamment auprès des malades mentaux. En après-midi, franchissez la frontière de l'Albanie. Offrant une vision peu commune d'un petit pays ressurgissant du néant, l'Albanie éblouit par ses contradictions, sa force immense et sa lutte continuelle pour s'élever et prendre son envol. Poussez votre route vers Tirana, capitale de l'Albanie.

Jour 7
Tirana – Krujë – Tirana 65 km

Tirana offre aux visiteurs la visite du Musée historique national, qui abrite une collection d'objets appartenant à différentes périodes de l'histoire albanaise. Voyez la mosquée d'Ethem Bey, construite en 1789 et la tour de l'horloge. À pied, suivez les panneaux indiquant les mosaïques de Tirana, d'une grande valeur historique. À quelques kilomètres de la capitale, découvrez également Krujë, sa vieille ville et son musée dédié au héros national, Gjergj Kastrioti Skanderbeg. Pour terminer votre journée, n'oubliez pas de faire une pause dans le vieux bazar, où vous pourrez déguster une tasse de café avec une pâtisserie de la région.

Jour 8
Tirana – Apollonia d'Illyrie – Durrës 50 km

Départ pour le sud afin d'aller visiter la ville antique d'Apollonia d'Illyrie, l'un des plus grands et des plus prestigieux sites archéologiques de l'Albanie. Le site bénéficie de conditions naturelles privilégiées et d'une vue imprenable sur les monts Acrocérauniens et l'île de Sazan. Puis, poursuivez votre route vers Durrës, aujourd'hui l'une des villes les plus importantes d'Albanie. Visitez la forteresse et le large amphithéâtre composé de différentes galeries, qui est d'ailleurs l'un des plus grands amphithéâtres des Balkans. Les thermes romains, découverts en 1962 lors de la construction du Palais de la culture, vous enchanteront avec leur piscine et leur système de chauffage.

Dubrovnik, Croatie

Le Stari Most

Le Stari Most, soit «le vieux pont» de Mostar, date du XVIe siècle et relie les deux parties de cette ville d'Herzégovine. Chevauchant et dominant la Neretva d'une hauteur de 29 m, il offre une très grande solidité en raison de la technique utilisée à l'époque de sa construction. Le pont a survécu à tous les conflits à travers les siècles, sauf le dernier, en 1993, alors qu'il fut détruit par les forces croates du HVO pour mettre fin aux passages bosniaques. En 2004, il a été reconstruit à l'original selon la technique ancestrale, sous l'égide de l'UNESCO. Son inauguration, le vendredi 22 juillet 2004, annonçait le signe d'une réconciliation des deux communautés bosniaque et croate, même si certaines rancœurs sont encore perceptibles aujourd'hui.

Jour 9
Durrës – Kotor – Budva 342 km

Bordé par les eaux chaudes et limpides de l'Adriatique, dans une verdure flamboyante entre mer et montagnes, le Monténégro n'a pas fini de vous surprendre. Faites route vers les bouches de Kotor et le pays des Montagnes noires, composé de plusieurs baies reliées entre elles par des canaux naturels. Profitez d'un des plus beaux et des plus impressionnants paysages naturels du littoral monténégrin. Continuation vers Kotor, ville historique entourée de remparts s'étirant sur plus de 4 km et classée au patrimoine mondial de l'UNESCO. Puis, découvrez Budva, l'une des plus anciennes villes de l'Adriatique, devenue la station balnéaire la plus réputée de la côte monténégrine. Typiquement méditerranéenne, la vieille ville est composée de petites ruelles escarpées débouchant sur des places où l'on découvre de belles petites églises.

Jour 10
Budva – Dubrovnik 119 km

Traversez la frontière croate et faites route vers Dubrovnik. «La perle de l'Adriatique» est entourée d'épais remparts du haut desquels se révèlent de splendides panoramas. Découvrez la vieille ville: le fameux Stradun, qui est la rue principale, la place Luža, centre de la vie publique, la cathédrale Notre-Dame, le monastère franciscain et la pharmacie la plus ancienne d'Europe.

Jour 11
Dubrovnik – Mostar 140 km

Ce matin, partez pour la touchante Bosnie-Herzégovine, direction Mostar. Magnifique ville placée sous la protection de l'UNESCO, Mostar baigne dans une atmosphère ottomane. Son symbole principal est le vieux pont Stari Most, chef-d'œuvre de l'architecture turque détruit lors de la guerre de l'ex-Yougoslavie, mais reconstruit à l'identique et inauguré en 2004.

Jours 12 et 13
Mostar – Sarajevo 139 km

Sarajevo, capitale de la Bosnie-Herzégovine, est véritablement une ville au charme extraordinaire. Dès votre arrivée, vous constaterez qu'il est difficile de ne pas être touché par les traces encore bien visibles du conflit yougoslave des années 1990. Chaque maison semble en avoir une trace. Certains bâtiments, encore éventrés, trônent au centre de la ville. Toutefois, Sarajevo brille et se reconstruit lentement mais sûrement. Elle se visite à pied, en commençant par le quartier de la Baščaršija, où les orfèvres et les artisans travaillant sur le pas de leur porte partagent avec les visiteurs les secrets de leur savoir-faire. Visitez le musée de Sarajevo, qui abrite une émouvante exposition permanente sur le siège de la ville, lequel a duré plus de 1 300 jours et a coûté la vie à plus de 11 000 personnes.

L'Alhambra, Grenade

L'Espagne et le Portugal

19 Un grand tour d'Espagne
20 Un grand tour du Portugal
21 L'Andalousie
22 De Barcelone à Málaga
23 Escapade à Barcelone
24 Escapade à Madrid

19

L'Espagne et le Portugal

L'Alcázar de Cordoue

▶ **11 jours**
▶ Boucle au départ de **Madrid**

Pour qui ? Pourquoi ?

Un aperçu des quatre coins de l'Espagne en un seul voyage. Ce séjour saura également ravir les passionnés d'art et de culture, puisque l'Espagne compte un nombre incalculable de musées dans chacune de ses villes.

Inoubliable…

- Visiter le musée du Prado à Madrid.
- Déguster un vin chez un vigneron dans la célèbre région de la Rioja.
- Assister à un spectacle de flamenco à Séville.
- Admirer la Sagrada Família, monument emblématique de Barcelone.
- Explorer la futuriste Cité des arts et des sciences de Valence.

Un grand tour d'Espagne

Venez contempler le patrimoine exceptionnel et les paysages sublimes de l'Espagne : des montagnes spectaculaires, de grandes terres fertiles et de magnifiques vignobles. Au cours de ce voyage, partez à la rencontre de ses traditions séculaires et savourez sa gastronomie. Circulez dans ses villes impressionnantes qui ont su harmoniser l'ancien et le nouveau. Voyez les palais somptueux de l'Andalousie et les jardins de l'Alhambra. Enfin, profitez du soleil permanent et des beautés de la côte méditerranéenne. Découvrez l'Espagne dans toute sa splendeur !

Un grand tour d'Espagne 19

Saragosse

Cité des arts et des sciences, Valence

Votre guide : Patrick Simard *(voir p. 201)*

Son coup de cœur : *Gaudí*

L'architecture éclatée d'Antoni Gaudí, le maître de Barcelone, constitue mon coup de cœur absolu en Espagne. L'incroyable œuvre inachevée qu'est la Sagrada Família, bien sûr, mais aussi les maisons aux formes extravagantes et aux cheminées sculpturales qu'il a signées (La Pedrera et sa façade ondulante ; la Casa Batlló et ses balcons qui évoquent des masques de théâtre) m'éblouissent encore aujourd'hui après de si nombreuses visites. Mais là où son art a atteint des sommets, c'est dans la conception du Park Güell, avec ses bancs sinueux couverts de mosaïques aux mille couleurs, ses exubérantes fontaines et ses maisonnettes tout droit sorties de contes de fées… Un ravissement inégalable !

La Sagrada Família

Itinéraire

Jour 1
Madrid

En peu de temps à Madrid, voyez le « centre aristocratique » où est érigé le Palais royal. À ses côtés, la place d'Oriente, le théâtre de l'Opéra et la moderne cathédrale de la Almudena. Également, sachez que l'art et la culture occupent une place prépondérante à Madrid. La capitale possède 73 musées dont le musée du Prado et le musée Thyssen-Bornemisza, qui expose plus de 800 toiles, sculptures et tapisseries. À vous de choisir !

Jour 2
Madrid – Bilbao
398 km

Pour plusieurs, Bilbao est avant tout culturelle. Avec deux des meilleures collections de peinture d'Espagne, six musées thématiques, des expositions d'art contemporain et une programmation permanente de spectacles, la ville bouge et se renouvelle constamment. Visitez entre autres le musée Guggenheim et le Musée des beaux-arts, qui rassemble de l'art ancien, de l'art contemporain et des créations d'artistes basques.

Jour 3
Bilbao – Région de la Rioja 112 km

La Rioja est l'une des plus importantes régions viticoles au monde. Faites une visite guidée d'une cave à vin à l'architecture des plus surprenantes, suivie d'une dégustation. Reprenez ensuite la route des vignobles afin d'atteindre Laguardia, qui possède toujours de belles murailles et une architecture traditionnelle bien préservée.

Jour 4
Laguardia – Saragosse 197 km

Découvrez Saragosse en commençant par la visite du palais de l'Aljafería, le monument arabe le plus important du nord de l'Espagne, puis voyez la basilique de Nuestra Señora del Pilar, qui abrite la statue de la sainte patronne de l'Espagne.

Jour 5
Saragosse – Barcelone 306 km

À Barcelone, l'UNESCO a classé au patrimoine mondial les constructions les plus remarquables des architectes Antoni Gaudí et Lluís Doménech i Montaner. La ville est un véritable musée à ciel ouvert. Flânez sur le Paseo de Gracia et admirez ses édifices modernistes. Reposez-vous au Park Güell ou partez explorer le quartier de Montjuïc. Le clou de votre visite sera indubitablement la

19

Gran Vía, Madrid

Place d'Espagne, Séville

Trujillo

L'Espagne et le Portugal

Sagrada Família, monument emblématique de la ville.

Jour 6
Barcelone – Valence
350 km

Parcourez la Costa Blanca afin d'atteindre Valence, ancienne cité médiévale. Jetez un coup d'œil à la porte de Serrano, à la place de la Reine et à son ancien marché de soie, joyau du gothique civil européen. Ne manquez pas d'explorer la futuriste Cité des arts et des sciences, aménagée par l'architecte Santiago Calatrava dans le lit de la rivière qui traversait jadis la ville, mais que l'on a détournée après de trop nombreuses inondations.

Jour 7
Valence – Carthagène
299 km

Champs d'orangers et paysages semi-désertiques vous attendent sur la route de

Monastère de Valvanera, région de La Rioja

Carthagène. Située au bord de la Méditerranée, la ville conserve des vestiges datant de plusieurs époques. Son centre historique, des plus agréables, constitue une belle découverte.

Jour 8
Carthagène – Grenade 301 km

Dès votre arrivée à Grenade, offrez-vous la visite de l'Alhambra et des jardins du Generalife. Situé sur une colline, ce complexe grandiose évoque la richesse d'un passé où les Arabes ont dominé la péninsule ibérique.

Jour 9
Grenade – Cordoue
201 km

Gagnez Cordoue, où plane le souvenir des émirs. La ville vous propose entre autres les quartiers arabe et juif, puis la fameuse mosquée qu'il est toujours possible de visiter.

Jour 10
Cordoue – Séville
142 km

À Séville, il faut voir la Giralda, ancienne mosquée convertie en cathédrale. Visitez aussi les jardins de l'Alcázar, tout droit sortis du conte des *Mille et Une Nuits*, et la splendide place d'Espagne. Séville est également l'un des hauts lieux de la tauromachie espagnole ; ses arènes sont les plus anciennes d'Espagne après celles de Ronda.

Jour 11
Séville – Trujillo – Madrid 530 km

Prenez la route vers la région autonome de l'Extremadura, territoire incontesté des « conquistadors ». Voyez Trujillo, ville natale de Francisco Pizarro, découvreur du Pérou. Son centre historique, impeccablement conservé, est couronné par un château de l'époque arabe offrant une vue imprenable sur le bourg médiéval. En fin de journée, retour à Madrid.

L'Espagne à la carte

Royaume d'Espagne

Capitale Madrid

Langue officielle castillan

Religion catholicisme (90% de la population)

Un plat la paella, plat à base de riz auquel on ajoute des morceaux de viande ou des fruits de mer.

Un artiste le cinéaste Pedro Almodóvar

20

Château des Maures, Sintra

▶ **12 jours**
▶ Boucle au départ de **Lisbonne**

Pour qui ? Pourquoi ?

Une invitation au soleil d'abord ! Mais aussi une excellente opportunité de découvrir un pays magnifique qui a su incorporer un imposant passé historique à une vie résolument moderne et ouverte aux changements.

Inoubliable...

▶ *Écouter le fado à Lisbonne.*
▶ *Profiter des belles plages de l'Algarve, là où le soleil brille toute l'année.*
▶ *Découvrir la richesse historique de l'Alentejo.*
▶ *Visiter le manoir du Vinho do Porto, où une dégustation s'impose !*

Un grand tour du Portugal

Porto, la ville de granit baignant dans une brume légère, Lisbonne et ses quartiers tortueux, la Côte d'Argent, Coimbra et ses joyaux de la Renaissance... Venez découvrir les villages historiques du Portugal, venez entendre les légendes maures enchantées en Algarve, venez voir les vestiges du passé de l'Alentejo et, surtout, venez écouter le fado là où il est né. Ce sont les beaux contrastes du Portugal et son attachante personnalité que vous retrouverez dans ce petit pays au passé glorieux tourné vers l'Atlantique.

L'Espagne et le Portugal

Un grand tour du Portugal 20

Monument aux découvertes, Lisbonne

Votre guide : Patrick Simard (voir p. 201)

Son coup de cœur :
Le Musée national des azulejos à Lisbonne

À Lisbonne, personne ne peut rester indifférent devant l'extraordinaire beauté du monastère des Hiéronymites de Belém, chef-d'œuvre absolu du style manuélin. Non loin de là se trouvent aussi l'imposant Monument aux découvertes et la sculpturale tour de Belém. Mais mon coup de cœur à Lisbonne se trouve bien loin de cette partie de la ville, dans un coin un peu excentré. Il s'agit du Musée national des azulejos, cet art importé par les Maures en Espagne comme au Portugal, toujours bien présent encore aujourd'hui. On peut y admirer une incroyable collection de murales composées de carreaux de faïence, dont une immense fresque où apparaît toute la ville telle qu'elle se présentait avant le tremblement de terre de 1755. Sublime !

Itinéraire

Jour 1
Lisbonne – Excursion à Sintra 80 km

Dès votre arrivée dans la capitale, concentrez-vous sur le centre historique de la ville. Voyez entre autres le château Saint-Georges, la cathédrale et la tour de Belém, d'où partent les caravelles du célèbre navigateur Vasco de Gama. En fin de journée, partez à la découverte de Sintra, qui fut pendant des siècles la résidence d'été des souverains.

Jour 2
Lisbonne – Tomar – Fatima – Nazaré
250 km

Rejoignez aujourd'hui la ville de Tomar et faites la visite du couvent du Christ, célèbre forteresse des chevaliers de l'ordre du Temple. Poussez ensuite votre route vers Fatima et visitez son sanctuaire, célèbre lieu de pèlerinage. Terminez votre journée à Nazaré, pittoresque village de pêcheurs.

Jour 3
Nazaré : excursion aux monastères cisterciens 145 km

Voyez Batalha, où se dresse un imposant monastère dans le magnifique style gothique. Aussi sur place, le monastère d'Alcobaça à l'architecture cistercienne, déclaré en 2007 l'une des sept merveilles du Portugal.

Jour 4
Nazaré – Coimbra – Aveiro – Porto 260 km

À Coimbra, il vous sera possible de visiter l'université et sa splendide bibliothèque, la cathédrale et le monastère Santa Cruz, où furent enterrés les premiers rois du Portugal. En route vers Porto, un arrêt

L'Espagne et le Portugal

L'Espagne et le Portugal

Lisbonne

Région de l'Alentejo

Porto

Évora

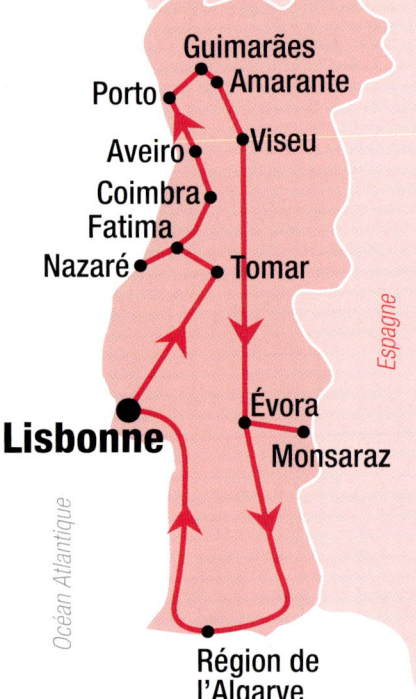

s'impose à Aveiro, surnommée la « Venise du Portugal ».

Jour 5
Porto

À pied, découvrez Porto et ses plus jolis quartiers, tels ceux de la Foz et de la Ribeirinha. Faites une promenade en bateau sur le Douro avant de rejoindre les chais de Villa Nova de Gaia, où vous visiterez une cave et dégusterez le fameux vin de Porto.

Jour 6
Porto – Guimarães
135 km

Le Minho est une région verdoyante qui conserve des monuments splendides alliant le granit local et la blancheur de la chaux. Près de Braga, visitez le sanctuaire de Bom Jesus. Rendez-vous ensuite à Guimarães, berceau du Portugal, et voyez le palais des Ducs de Bragance, à l'aspect insolite dû à ses nombreuses cheminées.

Jour 7
Guimarães – Amarante – Viseu
180 km

Départ pour Amarante, petite bourgade aux charmantes demeures datant du XVIe au XVIIIe siècle. Visitez le monastère Saint-Gonzalve, puis, en route vers Viseu, traversez la vallée du Douro, aux paysages grandioses et uniques où l'on cultive encore la vigne en terrasses.

Jour 8
Viseu – Covilhã – Marvão – Évora
400 km

Au matin, traversez la Serra d'Estrela, la plus importante chaîne de montagnes du pays. Au

Un grand tour du Portugal 20

Algarve

passage, voyez Covilhã, célèbre pour l'art des lainages développé par la communauté juive. En route vers Évora, découvrez Marvão, véritable nid d'aigle au site spectaculaire.

Jour 9
Évora – Monsaraz – Algarve 280 km

Évora vous fera découvrir son passé romain, ses murailles d'époque arabe et sa cathédrale. Profitez de votre passage dans la région pour visiter un vignoble dans le décor magnifique de l'Alentejo. Faites une pause à Monsaraz, village fortifié près de la frontière espagnole, avant d'arriver dans la région de l'Algarve.

Jours 10 et 11
Algarve : excursion sur la côte 160 km

La côte de l'Algarve est ponctuée de vergers d'amandiers et d'orangers. Le paysage est parsemé de villages blancs immaculés aux trottoirs typiquement portugais. Découvrez à Lagos le cap Saint-Vincent et la Ponta da Piedade, magnifique promontoire parsemé de grottes marines. Voyez des coins moins connus de la région, tel le parc naturel de la Costa Vicentina, où chemins de fleurs et anciens châteaux maures ne demandent qu'à être visités.

Jour 12
Algarve – Lisbonne 260 km

Retour à Lisbonne. Sur le chemin du retour, ne manquez rien de la vue qu'offre cette région luxuriante, domaine du chêne-liège, du chêne vert et de l'olivier.

Le Portugal à la carte

République portugaise

Capitale Lisbonne

Langue officielle portugais

Religion catholicisme (97% de la population)

Un plat le *chouriço* (saucisse de viande hachée et mélangée à une sauce faite d'huile, gros sel, ail et paprika)

Un artiste Amália Rodrigues, surnommée la « reine du fado »

Un air de musique *Estranha forma de vida*, un classique du fado, écrit par Amália Rodrigues

21

Cádiz

- **9 jours**
- Boucle au départ de **Málaga**

Pour qui ? Pourquoi ?

Un séjour pour ceux qui souhaitent parfaire leur connaissance de cette Espagne maure et chrétienne. Une région contrastée et ensoleillée qui donne une couleur toute particulière au sud de la péninsule ibérique.

Inoubliable…

- *Visiter les villes andalouses de Séville, Cordoue et Grenade.*
- *Passer une journée, en pleine campagne, au cœur d'un domaine d'élevage de taureaux.*
- *Arpenter les ruelles escarpées du quartier de San Isidro à Algeciras, à l'atmosphère familiale et décontractée.*
- *S'inviter chez un vigneron de Jerez de la Frontera et déguster un verre de xérès.*

L'Andalousie

L'Andalousie vous charmera par sa personnalité très marquée, par ses villages ou quartiers anciens, par ses rues bordées de maisons blanches ornées de grilles en fer forgé s'entrouvrant sur de frais patios fleuris. L'Andalousie, c'est aussi une véritable culture de fête et d'histoire et la possibilité d'assister à de nombreuses célébrations populaires spontanées. Au son du flamenco, venez faire le plein de soleil dans cette région chaleureuse où les habitants sont accueillants et impatients de vous faire partager leur culture.

L'Andalousie   21

Votre guide : Patrick Simard (voir p. 201)

Son coup de cœur : Séville

Mon coup de cœur en Andalousie, je le donne à Séville, cette fabuleuse ville baignée de soleil. À Séville, découvrez la plus jolie vue sur la cathédrale et sa Giralda depuis le bar-terrasse de l'hôtel EME. À Séville, rien ne vaut une promenade dans les quartiers de Triana, la Macarena et Santa Cruz, qui livrent toute la saveur de cette ville colorée. À Séville, il faut visiter le Musée du flamenco, arpenter les jardins de l'Alcázar, flâner autour de la fontaine de la place d'Espagne... Et pourquoi pas une balade en calèche dans le centre historique et dans le Parque de María Luisa ?

Place d'Espagne

Itinéraire

Jour 1
Málaga – Ronda
82 km

Prenez la route en direction de Ronda, perchée sur un promontoire naturel. Voyez le Paseo de Blas Infante et le Mirador de los Reyes Católicos, qui offrent une vue magnifique sur le paysage autour du Guadalevín. Au centre-ville, ne manquez pas d'admirer l'église de Nuestro Padre Jesús et le pavillon de la Virgen de los Dolores.

Jour 2
Ronda – Algeciras – Région de Cádiz
225 km

Voyez Algeciras, dont la vue sur le rocher de Gibraltar est célèbre. Partez à la découverte du quartier de San Isidro, aux ruelles abruptes et pentues, partie la plus ancienne de la ville. En passant par Gibraltar et Tarifa, rejoignez enfin la région de Cádiz, rattachée au continent par un étroit banc de sable.

Jour 3
Cádiz – Région de Séville 140 km

Une visite de la ville de Cádiz vous entraînera du front de mer jusqu'à la cathédrale, en passant par l'église de San Felipe Neri. Partez pour Jerez de la Frontera, qui doit sa renommée à ses vins, les xérès, les plus prestigieux d'Espagne. Visitez ensuite l'École royale andalouse d'art équestre, qui se consacre à la formation de cavaliers pour la monte, le dressage et la sélection des chevaux. Poussez votre route jusqu'à Séville, capitale de l'Andalousie.

Jours 4 et 5
Séville

Découvrez l'Alcázar et ses jardins, tout droit sortis du conte des *Mille et Une Nuits*. Poussez la porte de la cathédrale, la troisième d'Europe par sa taille, et voyez la Giralda, ancien minaret haut de 98 m. Aussi, ne manquez pas de vous balader dans le quartier de Santa Cruz, qui abrite de nombreux édifices datant du XIIe siècle. Ce quartier effervescent ainsi que la rue Argote de Molina sont les lieux parfaits pour prendre l'apéritif en fin de journée !

Jour 6
Séville – Cordoue
145 km

À Cordoue, il faut d'abord visiter les quartiers arabe et juif ainsi que la fameuse mosquée, véritable chef-d'œuvre de la culture isla-

21

Cordoue

L'Alhambra, Grenade

Málaga

L'Espagne et le Portugal

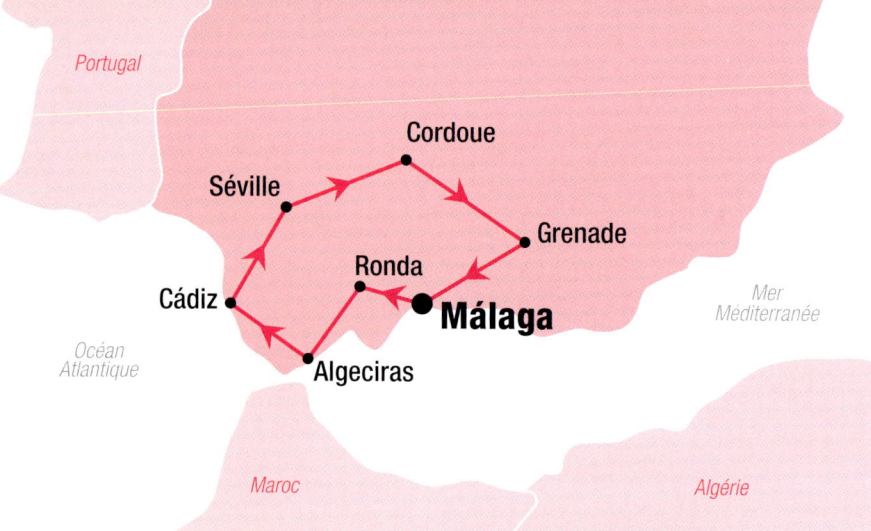

mique. Puis, la vieille ville et les quartiers de San Lorenzo, San Andrés et Santa Marina, à l'atmosphère bohème et décontractée, proposent un nombre incalculable de tavernes parfaites pour déguster des tapas.

Jours 7 et 8
Cordoue – Grenade
165 km

Grenade, ville aux prestigieux monuments arabes, bâtie sur trois collines où l'horizon est barré par les sommets enneigés de la Sierra Nevada. Offrez-vous une visite guidée qui vous fera découvrir l'Alhambra, magnifique forteresse, et le Generalife, intéressant pour ses jardins.

Jour 9
Grenade – Málaga
150 km

Située sur le littoral méditerranéen et protégée des influences continentales par les montagnes avoisinantes, Málaga jouit d'un climat privilégié. Elle porte d'ailleurs le titre de chef-lieu de la Costa del Sol, ce qui en fait l'une des plus grandes destinations touristiques d'Espagne. En plus des plages magnifiques, ne manquez pas le château de Gibralfaro (XIVe siècle), qui offre le meilleur point de vue sur la ville. Son port ouvert sur la mer et sa promenade maritime de La Farola sont des incontournables. À voir également, au pied de Gibralfaro, le théâtre romain, les arènes et le centre historique de la ville.

L'Andalousie 21

Ronda

La tauromachie

En Espagne, malgré ce que l'on peut s'imaginer, la tauromachie ne représente pas uniquement le fait de se rendre dans des arènes pour assister à des corridas. La tauromachie, c'est également un aspect essentiel des fêtes villageoises. En tant que simple spectateur, vous pouvez assister aux *encierros*, évènements où la foule court devant les taureaux dans les rues jusqu'aux arènes. Aussi, l'Andalousie offre la possibilité de visiter des domaines d'élevage d'exception. Profitez d'une journée en pleine campagne avec la possibilité de toréer dans de petites arènes et de savourer la cuisine locale, tel le boudin ou le taureau à l'étouffée.

L'Espagne et le Portugal

5 jours
De Barcelone à Málaga

Pour qui ? Pourquoi ?

Dorée par le soleil et balayée par le vent chaud de la Méditerranée, la côte espagnole est l'endroit idéal pour les adeptes des sports nautiques, des plages paradisiaques et des décors vertigineux.

Inoubliable…

- *Découvrir les paysages subjuguant de la Sierra de Montserrat à proximité de Barcelone.*
- *Déguster une paella à Valence, sa ville d'origine.*
- *Sillonner le parc du Cabo de Gata, parfait pour les ornithologues en herbe.*
- *Se prélasser au soleil sur les plages extraordinaires de Carboneras.*

De Barcelone à Málaga

Faite de contrastes, la côte espagnole est une succession de grandes villes et de petits villages de pêcheurs au charme fabuleux. On y trouve autant de grands espaces sauvages que des lieux densément chargés d'histoire. Et malgré le fait que ses plages soient parmi les plus prisées d'Europe (et pour cause!), il subsiste ici encore de jolies criques invitant à une baignade spontanée. Une région unique en Europe qui saura en ravir plus d'un !

Parc du Cabo de Gata

Elche

22

La paella

Créée à Valence, la paella était à l'origine un plat populaire de fête familiale dont la recette variait en fonction des saisons et des produits disponibles. Cuisinée dans un seul récipient, large mais peu profond, la paella se mangeait à même la casserole posée au milieu de la table. On dit que la vraie paella compte seulement 10 ingrédients: poulet, lapin, tomates, haricots cocos, haricots blancs, safran, sel, eau, riz et huile d'olive. Mais bien entendu, avec le temps, chaque région a développé sa propre recette, intégrant de nouveaux ingrédients.

Itinéraire

Jour 1

Barcelone

Découvrez les charmes de la capitale de la Catalogne, où vous pourrez admirer et contempler son bord de mer méditerranéen, ses boutiques d'avant-garde et ses restaurants de fine gastronomie, puis ses monuments modernistes dont la Sagrada Família, la Pedrera et le Park Güell.

Jour 2

Valence 370 km

Le centre historique et la cathédrale, l'ancien marché de la soie et la place de la Mairie résument bien ce mélange d'époques et de styles que possède Valence. Voyez son Grand marché qui étale les nombreux produits du terroir espagnol : fruits, légumes, épices, fromages et autres curiosités. Le quartier de la Malvarosa et sa longue plage offrent de charmants restaurants où l'on peut déguster la «fameuse paella».

Jour 3

Alicante 180 km

En direction de la côte d'Almérie, voyez la ville d'Elche et la plus importante palmeraie d'Europe, Murcie et sa cathédrale baroque. Non loin de Carthagène se trouve « La Manga del Mar Menor », endroit paisible pour la baignade et les sports nautiques.

Jour 4

Mojacar – Côte d'Almérie 300 km

Partez à la découverte du parc du Cabo de Gata. Sillonnez cette partie de l'Espagne et explorez ses sentiers où se retrouvent un nombre impressionnant de flamants roses. Les plages extraordinaires de Carboneras partagent toutes une même épithète : paradisiaque !

Jour 5

Côte d'Almérie – Málaga 310 km

En route vers Málaga, traversez la Sierra Nevada, parsemée des villages des Alpujarras, où certains méritent un détour et offrent aux visiteurs la possibilité de déguster l'eau de source et le jambon séché de la région. À Grenade, voyez l'Alhambra et les jardins du Generalife, la cathédrale et surtout la Chapelle royale, qui héberge les tombeaux des rois catholiques. À Málaga, lieu de naissance de Pablo Picasso, visitez le château de Gibralfaro et, à ses pieds, les arènes et le centre historique de la ville.

L'Espagne et le Portugal

23

Montjuïc

- **4 jours**
- Séjour à **Barcelone**

Pour qui ? Pourquoi ?

Une immersion festive pour les amateurs d'Art nouveau et d'art contemporain. L'empreinte qu'ont laissée les artistes Gaudí, Picasso et Miró est, à elle seule, suffisante pour justifier le séjour !

Inoubliable…

- Voir la Sagrada Família !
- Déambuler sur la Rambla, artère principale de la ville, vivante et animée.
- Découvrir les boutiques de jeunes créateurs dans le quartier de Gracia.
- Dîner à la terrasse d'un restaurant du Port Vell.

L'Espagne et le Portugal

Escapade à Barcelone

Barcelone, capitale de la Catalogne, s'est véritablement ouverte sur le monde lors des Jeux olympiques de 1992. Depuis, elle est sans cesse convoitée, adulée et visitée chaque année par des milliers de voyageurs, et pour cause ! On peut y passer des journées entières à admirer les œuvres urbaines d'Antoni Gaudí, de Pablo Picasso ou encore de Joan Miró. La ville est dotée d'une programmation culturelle forte qui invite les visiteurs à découvrir ses musées, ses expositions et ses nombreuses sculptures en plein air. À cela s'ajoute l'atmosphère festive de la vie nocturne, la fine gastronomie catalane et les jolies plages urbaines. Que demander de plus ?

Park Güell

Barri Gòtic

Port Vell

Itinéraire

Jour 1
Sagrada Família et Park Güell

Peut-être serez-vous pressé de voir en premier lieu la Sagrada Família, symbole mondial de Barcelone. Sachez que vous auriez raison! Admirez les façades de la Nativité et de la Passion, et découvrez le portail du Rosaire, les nefs et les cloîtres, qui abritent un musée vulgarisant la création de ce joyau de l'architecture. Pour terminer la journée, rendez-vous au Park Güell, un espace vert aux formes étranges où les combinaisons de couleurs sont parfaitement assimilées par la végétation. Un endroit onirique, créé encore une fois par Antoni Gaudí, sur une commande du comte Eusebi Güell.

Jours 2 et 3
Centre historique

À pied, parcourez les rues pavées du Gòtic, situé au cœur du centre historique de Barcelone. Poussez la porte des magasins d'antiquités proches de la cathédrale et jetez un coup d'œil aux kiosques des oiseliers et des fleuristes de la Rambla. N'oubliez pas d'accorder une journée à la découverte du musée Picasso, qui présente une des collections les plus complètes de l'artiste.

Jour 4
Montjuïc

Au sud-ouest de la ville, visitez le Montjuïc. Prenez le téléphérique pour atteindre son sommet, d'où vous pourrez jouir d'une vue splendide sur la ville. La montagne loge de nombreux édifices construits pour les Jeux olympiques de 1992. À voir également, le jardin botanique ainsi que la Fondation Miró, dont la vocation est de conserver et diffuser les œuvres de son fondateur, l'artiste catalan Joan Miró.

Montserrat

Si vous disposez d'une journée de plus, prenez la route afin de rejoindre la Sierra de Montserrat. Ce parc naturel, niché dans une chaîne de montagnes dentelée et entourée de pinacles de granit, vous offrira un panorama spectaculaire. Sur place, il est possible de visiter le monastère de Montserrat, bâti au IXe siècle, qui renferme la Moreneta, la Vierge noire, patronne de la Catalogne. Également sur place, un musée abrite des œuvres d'artistes tels que Picasso, Dalí et El Greco.

L'Espagne et le Portugal

24

Parc du Retiro

▶ **5 jours**

▶ Séjour à **Madrid**

Pour qui ? Pourquoi ?

Une liste des incontournables pour un passage éclair dans la capitale espagnole.

Inoubliable…

- Acheter une véritable robe de danseuse de flamenco chez Maty, un magasin chargé d'histoire situé rue Maestro Victoria.
- Passer une nuit blanche à la place Santa Ana, zone effervescente parsemée de brasseries, de bars à tapas et de pubs.
- Faire ses courses dans le chic quartier de Salamanca.

Escapade à Madrid

Malgré le fait qu'elle soit la capitale de l'Espagne, Madrid jouit d'une atmosphère hautement décontractée. Le jour, la ville offre une plénitude d'activités, de sites remarquables, de musées, de parcs et d'espaces verts. Des rues marchandes exceptionnelles, où la tradition, la fabrication artisanale et le savoir-faire en surprendront plus d'un. Mais pour les Madrilènes, c'est la nuit que la ville émerge ! Aucune autre ville au monde ne peut se targuer d'avoir une aussi belle vie nocturne que Madrid. À vous d'en profiter !

Plaza de Cibeles

Statue de Vélasquez devant le musée du Prado

Plaza Mayor

Itinéraire

Jours 1 et 2
Madrid

Un tour de la ville s'impose ! En un jour ou deux, faites la découverte du Paseo del Prado, grande artère centrale de la ville. Voyez également la place d'Espagne et le quartier de l'Opéra, et ne manquez pas de visiter le Palais royal ainsi que la Plaza Mayor, l'un des lieux les plus populaires et typiques d'Espagne.

Jour 3
Excursion : monastère de l'Escurial

Aujourd'hui, départ pour le nord afin de faire la visite du monastère de l'Escurial. Cet immense édifice comptant plus de 2 000 fenêtres et portes renferme entres autres le panthéon des rois d'Espagne depuis le XVIe siècle.

Jour 4
Les musées

Si le ciel s'ennuage, profitez de la journée pour vous enfermer au musée ! Allez découvrir les impressionnantes collections du musée du Prado, qui abrite l'une des plus importantes pinacothèques au monde, le Centre national d'art Reina Sofía, consacré à l'art espagnol contemporain, ou encore la collection privée du musée Thyssen-Bornemisza, qui expose plus de 800 toiles, sculptures et tapisseries.

Jour 5
Les parcs

Pour terminer, les espaces verts de la ville constituent autant d'endroits magiques où il fait bon se reposer. Partez en balade dans le parc du Retiro, ancien lieu de villégiature des rois d'Espagne, ou dans le parc Juan Carlos Ier, l'un des plus grands parcs de la ville avec ses 220 hectares de verdure.

Cuisine locale

En raison de ses origines mixtes et de la diversité de ses produits, Madrid a élaboré une cuisine variée et pleine de tradition. On retient entre autres deux plats, soit le pot-au-feu et les tripes. Pour le pot-au-feu, le restaurant La Bola arrive en tête de liste. Inauguré en 1870, cet établissement a consacré tout son temps à préparer ce plat d'une façon traditionnelle. Ne manquez pas non plus de dîner au Botín, plus vieux restaurant au monde, fondé en 1725. À déguster : les savoureux cochons de lait et les agneaux, véritables protagonistes de ses fourneaux.

Château de Neuschwanstein, en Bavière

La Suisse, l'Allemagne et l'Autriche

- **25** Mosaïque suisse
- **26** Un grand tour d'Autriche
- **27** Escapade à Vienne
- **28** Un grand tour d'Allemagne
- **29** Escapade à Berlin
- **30** Le Rhin romantique
- **31** Merveilleuse vallée du Danube

25

- **10 jours**
- De **Genève** à **Zurich**

Pour qui ? Pourquoi ?

Un voyage pour les amoureux de la montagne puisque partout où l'œil s'arrête, s'y trouve un pic enneigé !

Inoubliable…

- Traverser les magnifiques paysages du canton des Grisons à bord du mythique Bernina Express.
- Voir un panorama d'exception entre Zermatt et Saint-Moritz à bord du Glacier Express.
- Visiter le château de Chillon, monument millénaire coincé entre le lac Léman et les montagnes.

Mosaïque suisse

Terre de contrastes avec ses villes et sa campagne, ses traditions et sa modernité, ses lacs et ses glaciers, la Suisse demeure un pays méconnu. Voici donc un séjour pour découvrir ses nombreuses facettes qui en font une contrée étonnante et unique. De plus, il s'agit surtout d'un voyage en train qui permet de profiter de la beauté époustouflante des grands escarpements sans avoir à garder les yeux sur la route ! Laissez-vous bercer par le ronronnement du *Bernina Express* ou du *Glacier Express* à travers les tunnels et les chemins de la Confédération suisse.

Mosaïque suisse

Stein am Rhein

Votre guide : Harry Goetschi (voir p. 201)

Son coup de cœur : Les Alpes suisses

Chaque fois, la Suisse m'émerveille par la force tranquille de ses montagnes, l'étendue de ses vallées et la beauté vertigineuse de ses glaciers. Au cœur du canton des Grisons, le plus vaste canton de Suisse, on retrouve des paysages pastoraux tirés des contes de notre enfance, intacts, inchangés depuis des millénaires. Mon coup de cœur va donc indubitablement aux magnifiques panoramas alpins qu'offre le pays. Mes plus beaux souvenirs de randonnée sont empreints de ce décor et, encore aujourd'hui, j'y retourne sans m'en lasser, car la Suisse, malgré sa petite superficie, compte près de la moitié des glaciers alpins. Magistral !

Édelweiss en fleur

Itinéraire

Jour 1
Genève – Montreux
105 km

Dès votre arrivée à Genève, faites route vers Montreux, sur la Riviera suisse du lac Léman. Optez pour la visite du château de Chillon, forteresse médiévale bâtie sur un îlot rocheux.

Jour 2
Montreux – Gruyères – Zermatt
230 km

Découvrez Gruyères, la charmante petite cité médiévale qui a donné son nom à la région de la Gruyère et au savoureux fromage. Enchaînez avec la découverte de Broc pour une visite dégustation à la célèbre chocolaterie Nestlé-Cailler, puis route vers Zermatt par le col des Mosses et la vallée du Rhône du Valais.

Jour 3
Zermatt

Découverte de ce ravissant village de montagne aux chalets de bois merveilleusement conservés, situé au pied du mont Cervin (4 478 m) et des 14 autres cimes de plus de 4 000 m qui entourent la vallée de la Matter Vispa. Pour une vue spectaculaire, faites l'excursion en train à crémaillère au Gornergrat (3 135 m).

Jour 4
Zermatt – Train Glacier Express – Saint-Moritz **279 km**

À bord du train panoramique *Glacier Express*, partez explorer les plus beaux paysages alpins suisses. Grimpez jusqu'à 2 033 m pour franchir le col de l'Oberalp, puis plongez dans les gorges du Rhin. Remontez la superbe vallée de l'Albula pour arriver en fin d'après-midi à Saint-Moritz, dans la vallée de l'Engadin en Suisse romanche.

Jour 5
Saint-Moritz – Morteratsch – Col de la Bernina – Tirano (Italie) – Lugano **180 km**

Montez à bord cette fois du *Bernina Express* afin d'effectuer le trajet de Saint-Moritz à Tirano. Au passage, voyez la vallée du glacier Morteratsch, les cimes des Piz Bernina et la magnifique vallée de Poschiavo. À Tirano, faites la visite du sanctuaire de la Madonna di Tirano, puis continuez votre route vers le lac de Côme et le lac de Lugano, pour finalement arriver à Lugano, en Suisse italienne.

25

Bernina Express

Château de Chillon

Sculpture de l'hôtel de ville de Berne

Lucerne

La Suisse, l'Allemagne et l'Autriche

Jour 6
Lugano

Visitez à pied la vieille ville de Lugano. Ne manquez pas de faire une excursion en funiculaire au Monte San Salvatore, en train à crémaillère au Monte Generoso, ou encore une croisière sur le lac Majeur jusqu'aux îles Borromées.

Jour 7
Lugano – Cols du Saint-Gothard et du Susten – Grindelwald 222 km

Partez vers la Suisse allemande et l'Oberland bernois par l'historique col du Saint-Gothard (2 108 m) et le col du Susten (2 224 m). Arrivée à Grindelwald, célèbre village situé dans un site enchanteur au pied du massif de l'Eiger et de la Jungfrau (4 158 m).

Mosaïque suisse 25

Région de Grindelwald

Jour 8
Grindelwald – Berne – Lucerne
175 km

Continuation vers Berne, capitale de la Suisse, pour y découvrir la vieille ville et le quartier du Parlement. En après-midi, poussez votre route jusqu'à Lucerne, en Suisse centrale. À pied, voyez le monument du Lion, le marché aux vins, l'église des Jésuites ainsi que le pont de la Chapelle, le plus ancien pont couvert d'Europe.

Jour 9
Lucerne – Saint-Gall – Stein
150 km

Départ matinal pour la région du lac de Constance et du Toggenburg, dans l'est de la Suisse. Découvrez Saint-Gall, sa vieille ville et sa grande bibliothèque abbatiale. En après-midi, route vers Stein et dégustation dans une fromagerie de démonstration appenzelloise.

Jour 10
Appenzell – Stein am Rhein – Zurich
150 km

En traversant le canton de Thurgovie, vous arriverez à Stein am Rhein, située au confluent de l'Untersee et du Rhin. Visitez cette historique et pittoresque petite ville médiévale avec ses encorbellements et ses fresques typiques. En début d'après-midi, terminez votre séjour à Zurich, capitale économique de la Suisse.

La Suisse à la carte

Confédération suisse

Capitale Berne

Langues officielles allemand (63,7 %), français (20,4 %), italien (6,5 %), romanche (0,5 %)

Religions catholicisme (42 %), protestantisme évangélique (33 %)

Un plat les röstis, galettes de pommes de terre, typiques de la Suisse alémanique

Un artiste l'architecte-urbaniste-peintre-sculpteur Charles-Édouard Jeanneret-Gris, dit Le Corbusier

Un air de musique *Les Trois Cloches* de Jean Villard

Innsbruck

26

▶ **10 jours**

▶ Boucle au départ de **Vienne**

Pour qui ? Pourquoi ?

Un voyage sur mesure tant pour les amateurs de plein air que pour les passionnés d'art et de culture, puisque l'Autriche possède cette superbe et rare combinaison.

Inoubliable…

▶ *Visiter l'épatant palais d'Esterházy à Eisenstadt et le château de Schönbrunn à Vienne.*
▶ *Déguster une bière à la brasserie des Augustines de Salzbourg.*
▶ *Sillonner l'impressionnante route alpine du Grossglockner.*

Un grand tour d'Autriche

Voici un pays qui impressionne ! Des excursions à faire dans les plus belles montagnes d'Europe, des lacs aux eaux miroitantes à contempler, des villes grandioses au passé imposant à découvrir, des musées d'art, de design et d'architecture à voir, une gastronomie réconfortante à savourer… L'Autriche ne laisse personne indifférent. De Mozart à Mahler, de Marie-Thérèse à Sissi, vous serez séduit par le raffinement d'un art de vivre singulier.

Un grand tour d'Autriche

Klagenfurt

Pavillon Karlsplatz

Votre guide : Harry Goetschi *(voir p. 201)*

Son coup de cœur : Vienne

On ne peut aller en Autriche sans passer par Vienne, aujourd'hui encore véritable capitale de l'architecture et du design européen. Je ne me lasse jamais d'observer l'architecture de cette ville à la fois gothique, baroque, mais surtout Art nouveau. Les jolies courbes du mobilier urbain de la capitale, façonnées principalement par l'architecte Otto Wagner au début du XXe siècle, ont donné du volume à l'architecture déjà existante. Mon œil s'amuse chaque fois à reconnaître les bâtiments, maisons ou immeubles qui portent la signature du célèbre architecte viennois. Selon moi, il n'y a qu'ici où l'esthétisme et la fonctionnalité se marient aussi bien. Le plus bel exemple à partager serait, à mon avis, le joli pavillon Karlsplatz du métro de Vienne.

Itinéraire

Jour 1
Vienne – Eisenstadt
60 km

Dès votre arrivée à Vienne, faites route vers Eisenstadt, capitale du Burgenland. Visitez le palais d'Esterházy, résidence d'une noble famille hongroise, puis la maison du célèbre compositeur Haydn.

Jour 2
Eisenstadt – Graz
260 km

En Styrie, visitez une ferme d'élevage de chevaux lipizzans, véritables vedettes de l'École d'équitation espagnole de Vienne. Poursuivez ensuite votre route vers Graz, deuxième ville en importance d'Autriche. Parcourez la vieille ville et son animée Hauptplatz (Grand-Place), puis faites une ascension en funiculaire au parc Schlossberg, d'où vous aurez une vue imprenable sur la ville et la vallée de la Mur.

Jour 3
Graz – Klagenfurt
139 km

Faites route vers Klagenfurt, capitale de la Carinthie. Voyez les superbes cours intérieures Renaissance, lesquelles abritent aujourd'hui boutiques et cafés. En longeant le Wörther See, jetez un coup d'œil sur les riches villas de Pörtschau et sur Velden et son château.

Jour 4
Millstäter See

Journée consacrée à l'ascension du « toit de l'Autriche ». La fameuse route alpestre du Grossglockner vous permettra d'admirer en contrebas le glacier du Pasterze. Faites une pause au Franz-Josephs-Höhe,

26 Un grand tour d'Autriche

Route alpestre du Grossglockner

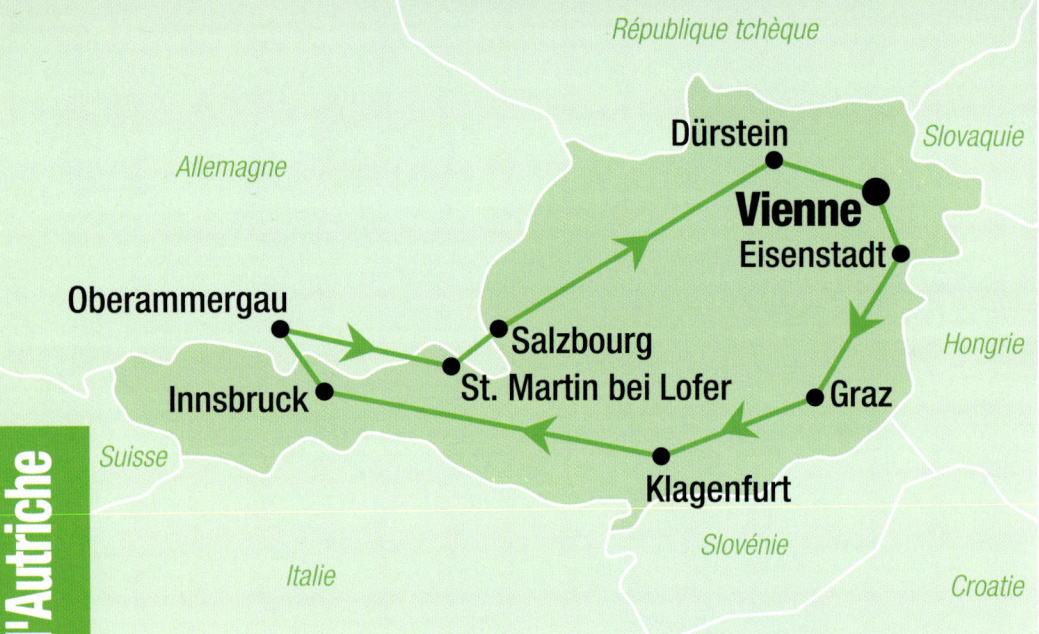

La Suisse, l'Allemagne et l'Autriche

d'où vous aurez une vue imprenable sur le glacier !

Jour 5
Millstäter See – Innsbruck 320 km

Aujourd'hui, découvrez Innsbruck, située dans un cadre unique de montagnes enneigées. Admirez la cathédrale Saint-Jacques, le Palais impérial et la Mariatheresienstrasse, sans manquer de voir le célèbre petit toit d'Or... Poussez la porte de la Hofkirche ; cette église renferme le mausolée de l'empereur Maximilien.

Jour 6
Innsbruck – Région d'Oberammergau (Allemagne) 160 km

C'est par le col de Fern que vous atteindrez le sud de la Bavière. À vous le somptueux château de Neuschwanstein, érigé par le roi Louis II de Bavière ! Visitez ensuite l'église Wies, classée au patrimoine mondial de l'UNESCO, avant de vous rendre à Oberammergau, petite ville d'artisans enserrée dans les contreforts de l'Ammergau.

Jour 7
Oberammergau et Garmisch Partenkirchen (Allemagne) – St. Martin bei Lofer 205 km

En matinée, découvrez le château de Linderhof, autre propriété du roi Louis II, qui voulut, avec cette « villa », rendre hommage à Louis XIV. Puis, entamez la traversée de la vallée d'Achental, du col d'Achenpass et de la vallée de l'Inn, pour atteindre en fin d'après-midi St. Martin bei Lofer.

Jour 8
St. Martin bei Lofer – Salzbourg 100 km

Salzbourg n'est peut-être pas la plus grande ville d'Autriche, toutefois elle

Cathédrale Saint-Étienne, Vienne

Palais d'Esterházy, Eisenstadt

Salzbourg

n'en est pas moins importante. Elle est connue dans le monde entier pour son célèbre festival d'opéra, de théâtre et de musique classique créé en 1920, qui a lieu chaque année en été. À pied, découvrez la Domplatz, la cathédrale et l'abreuvoir des chevaux, sans oublier la maison natale de Mozart. Aussi, à quelques minutes du centre historique, voyez le magnifique château de Leopoldskron, qui sert de décor au film La Mélodie du bonheur.

Jour 9
Salzbourg – Dürstein – Vienne
373 km

En route vers Vienne, faites un premier arrêt à Melk et découvrez son abbaye baroque qui domine le Danube. Puis, faites un arrêt à Dürstein, ce petit village viticole ceinturé de remparts, où Richard Cœur de Lion fut emprisonné. C'est en début de soirée que vous arriverez à Vienne, résidence impériale pendant plus de six siècles.

Jour 10
Vienne

Vous voilà dans la capitale autrichienne : découvrez la Ringstrasse, ce boulevard circulaire bordé de monuments somptueux comme l'opéra, les musées des beaux-arts et d'histoire naturelle, le parlement et la cathédrale Saint-Étienne. Ne manquez pas le château de Schönbrunn, ancienne résidence d'été de la cour, afin d'y visiter les salles d'apparat.

L'Autriche à la carte

République d'Autriche

Capitale **Vienne**

Langue officielle **allemand**

Religion **catholicisme**

Un plat un délicieux *Wiener Schnitzel* (escalope panée) accompagné d'une vraie *Sacher Torte*

Un artiste le peintre Gustav Klimt

Un air de musique L'ensemble des valses de Johann Strauss père

27

Château de Schönbrunn

▶ 4 jours

▶ Séjour à Vienne

Pour qui ? Pourquoi ?

Un court séjour passionnant pour les amateurs d'art et d'architecture, de musées et d'expositions.

Inoubliable…

- ▸ *Marcher dans les pas de Sissi l'impératrice.*
- ▸ *Découvrir le Quartier des musées.*
- ▸ *Flâner au Naschmarkt, un samedi après-midi.*
- ▸ *Prendre un verre à Grinzing, à la table d'un véritable* heuriger.

Escapade à Vienne

À la fois ancienne et moderne, Vienne conjugue plusieurs époques. Des magnifiques bâtiments de style baroque à l'architecture contemporaine en passant par l'Art nouveau, la ville propose véritablement tous les styles. De plus, la capitale offre mille et un musées, des restaurants à la cuisine typique, d'excellentes brasseries et surtout des cafés hors du temps.

La Suisse, l'Allemagne et l'Autriche

Sculpture du palais de la Hofburg

Hundertwasserhaus

Parc national du Donau-Auen

Le parc national du Donau-Auen est un havre de paix et de verdure à seulement quelques kilomètres de la capitale. Il s'agit de la plus grande plaine alluviale d'une nature encore intacte en Europe centrale. Sur 9 300 hectares, cette oasis verte située entre Vienne et Bratislava permet au visiteur de découvrir plus de 30 espèces de mammifères et 100 espèces d'oiseaux, sans compter les nombreux reptiles, amphibiens et poissons. Sur place, des guides professionnels expliquent les différents écosystèmes lors d'excursions guidées en canot ou en bateau pneumatique. Des paysages d'une impressionnante beauté !

Itinéraire

Jour 1
Vienne impériale

Découvrez d'abord la Vienne impériale. Voyez la Hofburg et les anciens appartements privés de la famille impériale. Pour découvrir les monuments d'importance, montez à bord du *bing*, le célèbre tramway de Vienne, et faites ainsi le tour de la Ringstrasse ; voyez l'Opéra, le Parlement ainsi que le Musée des beaux-arts.

Jour 2
MuseumsQuartier Wien

Prenez une journée complète pour découvrir le MuseumsQuartier Wien, l'une des plus grandes aires d'arts et de culture au monde comptant quelque 70 institutions culturelles sur 90 000 m². Entrez dans le musée Léopold, qui abrite des trésors uniques de l'Art nouveau viennois, voyez le Mumok, ce musée d'art moderne consacré aux œuvres des XXe et XXIe siècles, et découvrez le Kunsthalle Wien, qui présente des expositions d'art moderne et contemporain international.

Jour 3
Schönbrunn

Le château de Schönbrunn, ancienne résidence d'été de la famille impériale, compte parmi les plus beaux palais baroques d'Europe. Vous pouvez facilement y consacrer la journée. Un labyrinthe de verdure, des serres aux plantes exotiques et le jardin zoologique le plus ancien au monde complètent le programme.

Jour 4
Naschmarkt – Grinzing

Ce matin, passez par le Naschmarkt, le marché viennois le plus connu avec près de 120 étals, bars et restaurants. Si vous avez la chance de vous y rendre le samedi, vous aurez droit au marché aux puces hebdomadaire ; l'animation en vaut vraiment le coup d'œil ! En fin de journée, rendez-vous à Grinzing pour prendre l'apéro à la table d'un *heuriger*, cette taverne traditionnelle où l'on sert le vin nouveau autrichien.

Dresde

28

La Suisse, l'Allemagne et l'Autriche

▶ **11 jours**
▶ Boucle au départ de **Munich**

Pour qui ? Pourquoi ?

D'un romantisme absolu, l'Allemagne séduit par son histoire riche de poésie, de littérature et de philosophie. Ce magnifique territoire ponctué de montagnes, de vallées et de fleuves plaira autant aux amateurs de plein air qu'aux passionnés de culture.

Inoubliable…

▶ *Découvrir les villes de Berlin et Munich, plaques tournantes du pays.*
▶ *Voir la cathédrale de Cologne, troisième plus grande cathédrale de style gothique au monde.*
▶ *Naviguer sur le Rhin et sur le magnifique lac de Constance.*
▶ *Traverser la Forêt-Noire au son des coucous.*

Un grand tour d'Allemagne

Ce grand pays d'Europe centrale aux régions variées et aux paysages contrastants saura vous étonner par la chaleur de son peuple, sa richesse culturelle et historique, ses monuments témoins d'une histoire tumultueuse et son raffinement. Prenez le temps de découvrir l'Allemagne d'hier et d'aujourd'hui à travers ses villes les plus importantes et ses sites les plus typiques !

Un grand tour d'Allemagne

Berlin

Château de Hohenschwangau

Votre guide : Jean-Jacques Aubertin *(voir p. 200)*

Son coup de cœur :
Les châteaux de Bavière

À mon avis, la Bavière abrite les plus beaux châteaux d'Europe. Bien que la France ait également son mot à dire en la matière, les châteaux allemands semblent véritablement sortir des anciennes légendes et des contes romantiques. Mes préférés ont été d'abord imaginés par certains membres de la famille Wittelsbach dans la seconde partie du XIXe siècle. Louis II de Bavière fit construire entre autres Neuschwanstein, le plus visité en Allemagne, tout en hauteur au cœur d'un décor idyllique. Et que dire du château de Linderhof, complètement rococo, dominé par ses magnifiques jardins ? Juste avant lui, son père, Maximilien II, ordonna la mise en chantier du château de Hohenschwangau, dont je recommande fortement la visite, magnifiquement perché au sommet d'une colline, tout près de Füssen.

Itinéraire

Jour 1
Munich – Oberammergau – Ettal 142 km

Dès votre arrivée à Munich, faites route vers le village d'Oberammergau, aux jolies façades peintes datant du XVIIIe siècle. Voyez entre autres la Kölblhaus et la Pilatus-Haus, de beaux exemples de cette peinture baroque. Dans les environs, découvrez également le spectaculaire château de Neuschwanstein, que l'on dirait tout droit sorti d'un conte de fée. Poussez ensuite votre route jusqu'à Ettal.

Jour 2
Ettal – Friedrichshafen – Constance 165 km

C'est par la route alpine allemande et Lindau que vous atteindrez Friedrichshafen. Partez pour une agréable promenade en catamaran le long de la Riviera allemande jusqu'à Constance, située en bordure du lac du même nom.

Jour 3
Constance – Fribourg – Heidelberg 340 km

Ce matin, traversez la Forêt-Noire, véritable pays des contes de fées, avant d'arriver à Fribourg, avec ses jolies rues piétonnes bordées de petits canaux. Visitez la ville à pied avant de prendre de nouveau la route pour rejoindre Heidelberg en soirée, haut lieu du romantisme allemand.

Jour 4
Heidelberg – Rüdesheim – Cologne 254 km

Partez pour Rüdesheim et embarquez-vous pour une petite croisière sur le Rhin. En chemin, voyez la ville de Coblence, avec ses églises, châteaux et maisons bourgeoises

La Suisse, l'Allemagne et l'Autriche

Oberammergau

Munich

Hambourg

La Forêt-Noire près de Fribourg

La Suisse, l'Allemagne et l'Autriche

majestueuses. Atteignez finalement Cologne, la plus ancienne des grandes villes allemandes.

Jour 5
Cologne – Hambourg
430 km

À pied, découvrez Cologne et sa célèbre cathédrale gothique. Puis, en deuxième partie de journée, enchaînez avec la visite d'Hambourg, deuxième ville en importance d'Allemagne et grand centre portuaire. Parcourez à pied la vieille ville, voyez l'hôtel de ville bâti sur 4 000 pilotis, poussez la porte de l'église Saint-Michel et montez dans sa fameuse tour, symbole populaire de la ville.

Jours 6 et 7
Berlin 289 km

Les contrastes entre les édifices historiques et l'architecture contemporaine caractérisent Berlin, capitale de l'Allemagne. En deux

Un grand tour d'Allemagne

Heidelberg

jours, voyez la porte de Brandebourg et le Reichstag. Marchez sur la célèbre avenue Unter den Linden, bordée de monuments, et visitez un autre incontournable, soit le musée du Mur, situé près de l'ancien poste frontière Checkpoint Charlie et qui abrite une exposition permanente sur l'histoire du mur de Berlin. On y découvre également différents objets et moyens utilisés par les fugitifs et leurs passeurs.

Jour 8
Dresde 191 km

Malgré les ravages et les bombardements qu'elle a subis au cours de la Seconde Guerre mondiale, Dresde a pu conserver plusieurs de ses beaux bâtiments ou les reconstruire à l'identique. Découvrez entre autres le quartier de Neustadt et l'hôtel de ville. À pied ou à vélo, entrez ensuite dans le centre historique et voyez l'opéra Semper et la Frauenkirche. Observez la nouvelle Voûte verte, qui renferme le plus grand trésor artistique d'Europe.

Jour 9
Dresde – Leipzig – Erfurt 259 km

Quittez Dresde pour Leipzig et découvrez ses magnifiques bâtiments de style Renaissance. Poursuivez ensuite votre route jusqu'à Erfurt et prenez le temps de parcourir cette ville universitaire qui a attiré de nombreux personnages marquants tels que Goethe et Bach.

Jours 10 et 11
Munich 397 km

Terminez votre voyage à Munich, la somptueuse capitale de la Bavière. Ne manquez pas la visite de l'Opéra, du Marché aux victuailles ainsi que de la fameuse Marienplatz, la place centrale de la ville, à l'atmosphère cosmopolite. Prenez également le temps de vous asseoir à la table d'un *biergarten*, cette brasserie typiquement bavaroise à ciel ouvert, où il vous sera possible de goûter à la bière et à la gastronomie locale.

L'Allemagne à la carte

République fédérale d'Allemagne

Capitale Berlin

Langue officielle allemand

Religions protestantisme (31 %), catholicisme (31 %)

Un plat le *Schwarzwälder Kirschtorte*, ou gâteau forêt-noire. Il s'agit en fait d'une génoise au chocolat, parfumée au kirsch et fourrée de cerises et de crème chantilly

Un artiste Rainer Werner Fassbinder, réalisateur et l'un des représentants majeurs du nouveau cinéma allemand des années 1960 et 1970

Un air de musique *Liebesträume*, une œuvre pour piano composée par Franz Liszt et publiée en 1850

29

Marienkirche, Alexander Platz

▶ **4 jours**

▶ Séjour à **Berlin**

Pour qui ? Pourquoi ?

Un voyage passionnant pour les amateurs d'histoire du XXe siècle. La Seconde Guerre mondiale et la guerre froide ont façonné la ville à un point tel qu'il est difficile aujourd'hui de ne pas en voir les traces. La ville est un terrain d'histoire exceptionnel, mais surtout un lieu chargé de souvenirs et de réflexions.

Inoubliable…

▶ *Voir la grande diversité des différents quartiers de Berlin.*

▶ *Visiter le touchant musée du Mur, à Checkpoint Charlie.*

▶ *Découvrir le magnifique palais de Sanssouci et ses innombrables jardins royaux à Potsdam.*

Escapade à Berlin

Le XXe siècle a été plutôt difficile pour la capitale allemande. De la Première Guerre mondiale à la chute du mur en 1989, Berlin a dû s'adapter à un nombre incalculable d'évènements de toutes sortes. Aujourd'hui, cette capacité à rebondir rapidement est le principal atout de cette ville : Berlin bouge et se reconstruit tous les jours. Peu de villes ont autant à offrir : une vie culturelle forte et vivante, des bars animés, des musées et des monuments à l'histoire impressionnante, mais surtout un bel esprit de tolérance que l'on ne retrouve nulle part ailleurs en Europe.

La Suisse, l'Allemagne et l'Autriche

Porte de Brandebourg

Le Mur

Fernsehturm

Ampelmann

Itinéraire

Jours 1 et 2
Berlin

Démarrez votre visite par la découverte des grands incontournables de Berlin. En marchant sur Unter den Linden, l'une des avenues les plus importantes de la capitale, voyez les monuments importants tel que la porte de Brandebourg, le magnifique Staatsoper et le palais du Reichstag, situé à proximité. Une journée devrait également être consacrée pour découvrir le Museumsinsel (Île des musées), cet ensemble architectural et culturel unique, classé au patrimoine mondial de l'UNESCO.

Jour 3
Excursion à Potsdam

À quelques kilomètres au sud-ouest de Berlin, découvrez l'ancienne ville royale de Potsdam et son palais de Sanssouci, ancienne résidence d'été de la famille royale de Prusse. Voyez les magnifiques parcs, aménagés au fil du temps par les plus grands architectes royaux.

Jour 4
Checkpoint Charlie

L'histoire du mur de Berlin et de la guerre froide a laissé de nombreuses traces physiques et psychologiques. Apprenez-en plus sur la division de Berlin en visitant le musée du Mur à Checkpoint Charlie, un des anciens postes frontaliers entre l'Est et l'Ouest. Le musée loge une exposition permanente sur l'histoire du mur de Berlin. Il présente aussi divers objets et moyens employés par les fugitifs et leurs passeurs.

Ampelmännchen

Vous serez surpris de voir à Berlin, un peu partout dans les boutiques de souvenirs, ces petits bonshommes rouge et vert. Leur histoire est bien simple : les *Ampelmännchen* sont les personnages que vous voyez sur les feux de circulation destinés aux piétons. À la chute du mur, on uniformise le mobilier urbain de la partie occidentale de Berlin aux couleurs de l'ancienne République fédérale. Les *Ampelmännchen*, créés en 1961 pour l'ex-Allemagne de l'Est, étaient destinés à disparaître et à être remplacés par les petits bonshommes de l'ex-Allemagne de l'Ouest. Mais à la suite de protestations, ils ont été conservés, car ils représentaient pour plusieurs l'une des dernières traces de l'ancienne identité est-allemande disparue dans la réunification.

Rocher de la Lorelei

- **7 jours**
- **Circuit fluvial d'Amsterdam (Pays-Bas) à Bâle (Suisse)**

Pour qui ? Pourquoi ?

Un voyage en bateau sur la partie la plus romantique du Rhin. Ruines de châteaux forts, paysages de vignobles, récifs et légendes : un circuit parfait pour les amateurs d'art, de rieslings et de littérature allemande !

Inoubliable…

- *Déguster les vins du terroir tout au long du voyage.*
- *Parcourir les charmantes rues anciennes du village de Volendam.*
- *Admirer les plus saisissants paysages du Rhin entre Coblence et Rüdesheim.*
- *Prendre un repas dans le quartier animé d'Ehrenfeld, à Cologne.*

Le Rhin romantique

Le Rhin est l'une des voies navigables les plus importantes au monde, mais c'est aussi un cours d'eau bordé de jolis paysages et de nombreuses curiosités à découvrir. Au cours de cette croisière, vous découvrirez notamment les canaux pittoresques d'Amsterdam, traverserez l'IJsselmeer, grande mer intérieure des Pays-Bas, visiterez Cologne, avec ses trésors historiques et ses églises romanes, ainsi que la Moselle et ses vignobles denses qui s'étalent jusqu'à Cochem. Avant de jeter l'ancre, voyez Strasbourg, capitale florissante de l'Alsace au charme à la française, puis terminez le voyage à Bâle, sur la frontière entre l'Allemagne, la Suisse et la France.

Rüdesheim

Düsseldorf

Confluent de la Moselle et du Rhin à Coblence

Itinéraire

Jour 1
Amsterdam (Pays-Bas)

Après avoir déposé vos valises dans votre cabine, profitez du reste de l'après-midi pour découvrir certains coins, moins visités, de la capitale néerlandaise. Enfourchez un vélo et roulez le long des quais du lac IJ, l'une des artères principales de cette ville à l'atmosphère effervescente.

Jour 2
Amsterdam – Volendam (Pays-Bas)

Navigation jusqu'à Volendam, petite localité dans l'esprit authentique des villages de pêcheurs néerlandais. Vous serez séduit dès l'arrivée par la vue des maisons pittoresques qui entourent son port de pêche. Le clapotis de l'eau, le fracas des câbles sur les mâts des bateaux et cette vue infinie sur la mer du Nord donneront une couleur toute particulière à cette escale.

Jour 3
Düsseldorf – Cologne (Allemagne)

Düsseldorf impressionne par la qualité de ses musées, galeries et autres curiosités de taille. Sachez également que vous vous trouvez dans la ville d'Heinrich Heine et de Johann Wolfgang von Goethe. Incontournables donc, l'Institut Heinrich-Heine, qui abrite une exposition consacrée à la vie et à l'œuvre du poète, et le Goethe-Museum, dont la riche collection rappelle le génie de cet écrivain. Puis, la navigation se poursuit jusqu'à Cologne, où il est agréable de sortir manger dans le quartier des bistros, plus particulièrement dans l'effervescent secteur d'Ehrenfeld, pris d'assaut par ses habitants le soir venu.

Jour 4
Cochem (Allemagne)

Cochem est située au cœur d'un site remarquable où domine une colline parsemée de vignes et couronnée du magnifique château Reichsburg. À pied, partez à la découverte de l'hôtel de ville et de la porte *Balduinstor*. Poussez la porte de l'église Saint-Martin et, surtout, jetez un coup d'œil particulier sur les charmantes maisons à colombages du centre historique, lesquelles rappellent l'architecture des villages alsaciens.

30

Château Reichsburg, Cochem

Hôtel de ville de Bâle

Strasbourg

Cologne

La Suisse, l'Allemagne et l'Autriche

Jour 5
Coblence – Rüdesheim (Allemagne)

Petite escale à Coblence, riche en monuments culturels et charmante avec ses ruelles étroites. Puis, avant de rejoindre Rüdesheim, voyez le célèbre rocher de Lorelei, au centre de la voie navigable. Voyez le fleuve se resserrer et se creuser profondément. Jusqu'au XIXe siècle, ce passage était difficile pour les bateaux en raison des récifs et des remous. On attribue également à ce rocher un bon écho, que l'on interprétait à l'époque comme la voix d'une belle sirène, « la Lorelei ». En soirée, la croisière fait escale à Rüdesheim. Profitez du moment pour déambuler le long de la Drosselgasse, au cœur de la vieille ville : une rue typique de 144 m de long, toute de tôle, de bois et de bonne humeur, avec ses vinothèques et ses tavernes-jardins.

Le Rhin romantique

Château de Pfalzgrafenstein, entre Coblence et Rüdesheim

Jour 6
Strasbourg (France)

Le bateau vous porte aujourd'hui jusqu'à Strasbourg, capitale de l'Europe au cœur de l'Alsace. Prenez le temps de vous balader dans la ville et découvrez, entre autres attraits, l'horloge astronomique de la cathédrale Notre-Dame, la place Kléber et le quartier historique de la Petite France.

Jour 7
Bâle (Suisse)

Votre croisière se termine ici, à Bâle, troisième ville de Suisse. Les amateurs d'arts plastiques seront ravis d'apprendre qu'avec sa trentaine de lieux d'exposition, Bâle présente une densité de musées extrêmement élevée. Avant de quitter la ville, passez par le Kunstmuseum, le Musée d'art contemporain ou encore le Musée d'architecture suisse.

Mittelrhein Musik Festival

Le long du romantique Rhin, le Mittelrhein Musik Festival offre une programmation très variée en musique classique et contemporaine. Plusieurs concerts ont lieu de mai à août, notamment dans les villes de Coblence, Boppard et Oberwesel. La musique s'élève au cœur de magnifiques lieux : églises anciennes, places animées et magnifiques salles de spectacle. Une raison de plus pour découvrir cette région classée au patrimoine naturel de l'UNESCO et particulièrement connue pour la noblesse de ses vignes.

La Suisse, l'Allemagne et l'Autriche

31

- **7 jours**
- Circuit fluvial de **Nuremberg** (Allemagne) à **Budapest** (Hongrie)

Pour qui ? Pourquoi ?

Un voyage pour ceux qui souhaitent remonter dans le temps et découvrir les plus beaux empires d'Europe. La croisière offre la possibilité de découvrir certaines des plus belles capitales culturelles du Vieux Continent telles que Budapest, Vienne et Bratislava.

Inoubliable…

- *Découvrir la vallée du Danube à un rythme qui permet d'en apprécier toute la splendeur.*
- *Voir ce lieu vers où trois rivières convergent, au confluent du Danube, de l'Inn et de l'Ilz, magnifique phénomène naturel.*
- *Entrer dans l'imposante abbaye de Melk.*
- *Se recueillir dans la somptueuse synagogue de Budapest.*

La Suisse, l'Allemagne et l'Autriche

Merveilleuse vallée du Danube

Un voyage au fil de l'eau démarrant tranquillement dans la ville allemande de Nuremberg. Puis le bateau glisse doucement sur une partie du canal Rhin-Main-Danube en direction de Passau, ville bavaroise où trois rivières convergent. En Autriche, découvrez la ville de Linz, la superbe abbaye de Melk dans la région de Wachau et la fascinante ville de Vienne, au style incomparable. Puis voyez Bratislava, capitale de la Slovaquie, située juste à la frontière avec l'Autriche et la Hongrie, avant que votre bateau ne continue sa route vers Budapest, votre destination finale.

Weltenburg

Passau

Linz

Itinéraire

Jour 1
Nuremberg (Allemagne)

Dès votre arrivée à Nuremberg, profitez de la journée pour découvrir cette fabuleuse ville allemande. Voyez les magnifiques fortifications médiévales achevées en 1455, véritable emblème de la ville. Elles ont survécu à pratiquement tous les conflits et ont conservé toute leur beauté. Tout à côté, le château-fort est l'une des forteresses les plus impressionnantes d'Europe. Puis revenez à votre bateau de croisière pour l'embarquement.

Jour 2
Weltenburg – Ratisbonne

Votre croisière file sur le Danube, et une première escale s'impose à Weltenburg. Impossible de manquer l'imposante abbaye, posée sur les bords du fleuve. Sa construction, entreprise en l'an 600, en fait la plus ancienne de Bavière. Puis naviguez jusqu'à Ratisbonne. Jamais une ville n'a disposé d'autant de monuments historiques protégés. Elle en possède plus de 1 500, dont 984 forment l'ensemble de la vieille ville. Regagnez la terre pour flâner dans cette ville d'Europe centrale possédant plus de 2 000 ans d'histoire à raconter.

Jour 3
Passau – Linz (Autriche)

À Passau, le bateau arrive exactement au confluent du Danube, de l'Inn et de l'Ilz. Voyez ce phénomène naturel où les trois rivières convergent. Différenciez les trois cours d'eau puisque le Danube possède des eaux brunes, l'Inn des eaux vertes et l'Ilz des eaux noires. Escale en fin de journée à Linz. Partez à la découverte du château, construit initialement en 799. Détruit, reconstruit, transformé, le château a subi maintes modifications au cours de son histoire. Il est aujourd'hui un musée régional. Tout près, voyez également l'église Saint-Martin, la plus ancienne église autrichienne.

Jour 4
Melk (Autriche)

Surplombant la ville et le Danube, l'abbaye de Melk domine le paysage. L'aménagement intérieur de l'abbaye est à voir absolument! Voyez toute la beauté de l'escalier en colimaçon et la galerie des empereurs, les appartements impériaux, la terrasse ainsi que la bibliothèque.

Jour 5
Vienne (Autriche)

Montez à bord du tramway et faites le tour de la Ringstrasse pour voir les principaux monuments de la ville. Pour le lunch, offrez-vous le menu du légendaire Café Central. Fondé en 1876, il a été au tournant du

31 Merveilleuse vallée du Danube

Esztergom, en amont de Budapest

Ratisbonne

Synagogue de Budapest

Fortifications de Nuremberg

La Suisse, l'Allemagne et l'Autriche

siècle dernier le point de rencontre des artistes, intellectuels et politiciens tels qu'Arthur Schnitzler, Sigmund Freud et Leo Trotzki.

Jour 6
Bratislava (Slovaquie)

Passez la frontière slovaque et vous voilà à Bratislava, à seulement quelques kilomètres de l'Autriche. La vieille ville est superbe et raconte facilement son passé sous la domination hongroise. Faites un tour du côté du château de Bratislava et montez au sommet de la tour Saint-Michel pour un superbe panorama sur la ville.

Jour 7
Budapest (Hongrie)

Sur la rive orientale du Danube à Budapest, vous ne pouvez manquer l'imposant Parlement hongrois à la façade néogothique. Il s'agit encore du plus grand bâtiment de Hongrie et du plus grand parlement d'Europe. Une fois les pieds sur terre, peu importe votre confession, c'est une véritable leçon d'histoire que de visiter la synagogue de Budapest. Située dans le quartier d'Erzsébetvaros, elle est considérée comme la plus grande d'Europe. La Hongrie abritait la plus grande communauté juive d'Europe avant la Shoah. Une visite guidée est un incontournable pour apprendre davantage sur le triste sort qu'elle connut lors de la Seconde Guerre mondiale. Utilisée comme base pour la radio allemande, c'est également dans le quartier que fut établi le ghetto de Budapest. Avant de quitter l'endroit, jetez un coup d'œil sur le Raoul Wallenberg Emlékpark dans la cour arrière de la synagogue : il abrite le monument commémoratif des martyrs juifs hongrois.

Abbaye de Melk

Bratislava

Le Beau Danube bleu (An der schönen blauen Donau)

La célèbre valse viennoise de Johann Strauss II, composée en 1866, fut à ses débuts un véritable échec. Bien qu'elle soit aujourd'hui l'une des plus célèbres valses ou fort probablement l'une des plus jouées à travers le monde, la valse répondait à une commande du directeur de l'Association chorale viennoise : elle était donc chantée. On disait alors des paroles qu'elles étaient ridicules, écrites par un fonctionnaire de la police pour célébrer la modernisation de la capitale viennoise. Puis vint l'Exposition universelle de Paris. La même année, Strauss l'intègre à son programme, mais cette fois sans les paroles. C'est un succès immédiat ; on dit qu'il dut la rejouer 20 fois de suite !

Statue de Johann Strauss à Vienne

La Belgique et les Pays-Bas

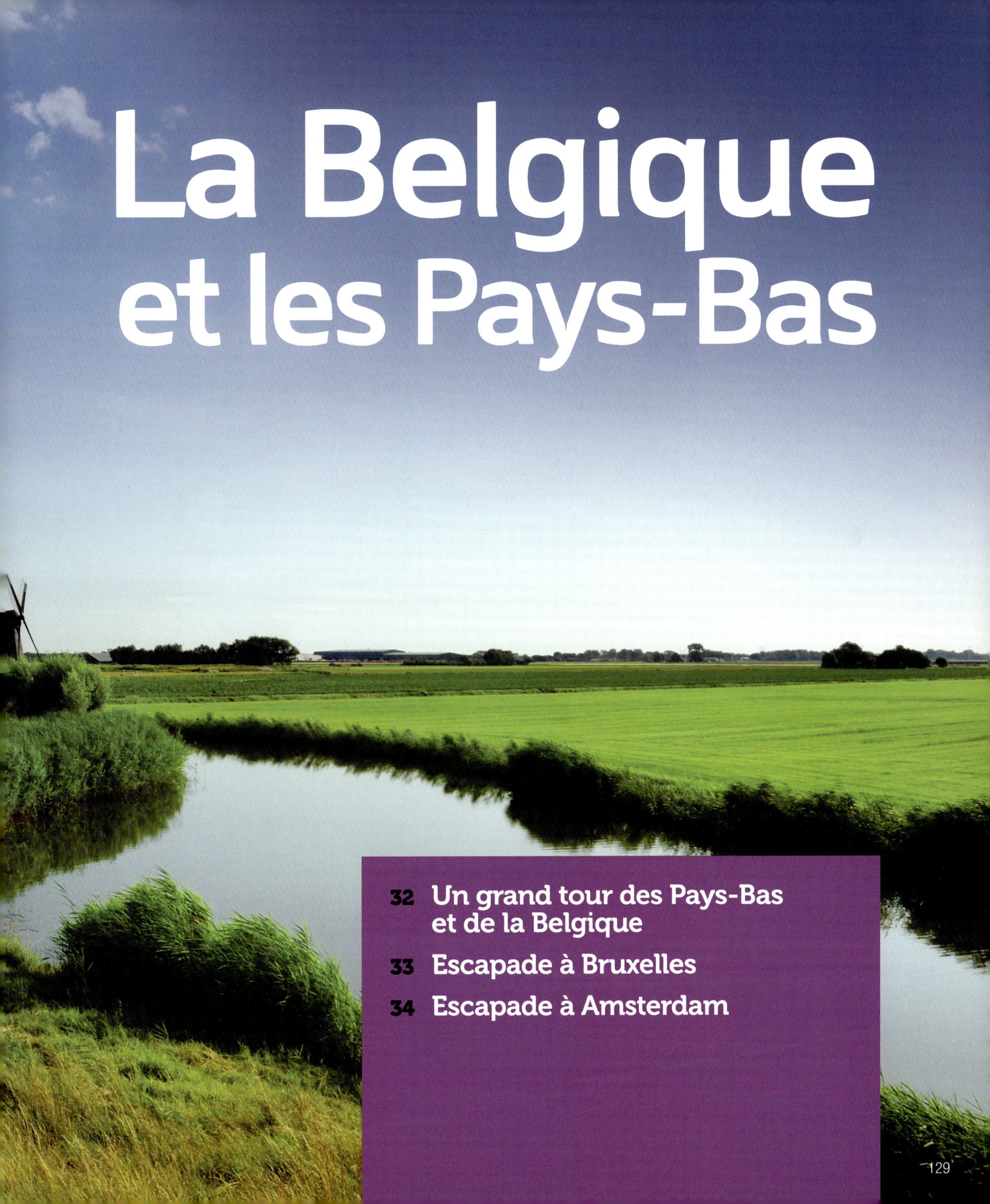

32 Un grand tour des Pays-Bas et de la Belgique

33 Escapade à Bruxelles

34 Escapade à Amsterdam

Anvers

32

La Belgique et les Pays-Bas

- ▶ **10 jours**
- ▶ Boucle au départ d'**Amsterdam**

Pour qui ? Pourquoi ?

Le voyage idéal pour ceux qui souhaitent faire un tour complet de cette région du nord de l'Europe.

Inoubliable…

- ▸ *Parcourir les canaux d'Amsterdam en bateau.*
- ▸ *Découvrir les jolies villes d'Anvers, de Delft et de Bruges, à l'artisanat mondialement reconnu.*
- ▸ *Randonner au cœur du parc national de la Haute-Veluwe, aux paysages exceptionnels.*

Un grand tour des Pays-Bas et de la Belgique

Puisqu'il s'agit de deux petits territoires, il est intéressant de les combiner en un seul séjour. À travers cet itinéraire, voyez comment la Belgique et les Pays-Bas se complètent et diffèrent l'un de l'autre. Deux nations chargées d'histoire et de culture, aux langues chantantes et à l'architecture unique… Partez à la découverte de ces pays bordant la mer du Nord en visitant les sites les plus connus, d'Amsterdam à Bruxelles, mais aussi en découvrant des facettes inédites de cette région d'Europe qui gagne à être connue.

Un grand tour des Pays-Bas et de la Belgique

Faïence de Delft

Château des comtes de Flandre, Gand

Votre guide : Anne Bondue (voir p. 200)

Son coup de cœur :
L'art de vivre belge

Le maître mot en Belgique, c'est « joie de vivre ». Cela se traduit notamment par les quelque 1 380 bières différentes du pays. Blanches, brunes, rousses ou ambrées, simples, doubles, triples ou quadruples... le choix est infini ! La joie de vivre, c'est aussi le chocolat... bien sûr. À Bruges, il y a pas moins d'une cinquantaine de confiseries et autres boutiques où l'on vend des « pralines », comme on dit là-bas, c'est-à-dire des bouchées de chocolat fourrées à la crème, à la liqueur, au café... Et la Belgique, c'est aussi la bonne bouffe : moules à la bière blanche, boudin noir, *stoemp* aux choux de Bruxelles, gaufres de Liège, sans oublier les frites maison que les chefs se chargent de réinventer.

Itinéraire

Jour 1
Amsterdam

Amsterdam, capitale des Pays-Bas. C'est par une promenade en bateau sur ses nombreux canaux que vous découvrirez les 70 îles reliées entre elles par 1 000 ponts. Consacrez également une partie de votre journée à la visite du célèbre Rijksmuseum. Voyez-y entre autres l'une des œuvres les plus célèbres de Rembrandt : *la Ronde de nuit*.

Jour 2
Amsterdam – La Haye
70 km

Au matin, départ pour Keukenhof, le plus grand jardin de fleurs au monde. En après-midi, poursuivez votre route vers La Haye, lieu de résidence de la famille royale néerlandaise. Voyez le Parlement, le Palais de la Paix ainsi que le Palais royal.

Jour 3
La Haye – Delft – Anvers 127 km

Aujourd'hui, route vers Delft, célèbre pour sa faïence bleue. Visitez à pied le quartier historique, où se trouve l'une des plus belles places de la Hollande, avec sa mairie d'un côté et sa Nouvelle église de l'autre. Puis, en après-midi, découverte d'Anvers, lieu de naissance du célèbre peintre Rubens.

Jour 4
Anvers – Bruxelles
45 km

À Bruxelles, découvrez à pied les incontournables de la capitale belge : l'Atomium, le Palais royal, la Grand-Place et le symbole de Bruxelles, le célèbre *Manneken-Pis*, qui amuse les visiteurs depuis 1619. Pourquoi ne pas passer par le Centre belge de la bande dessinée, histoire d'en apprendre davantage sur l'histoire de la BD ?

Jour 5
Bruxelles – Excursion à Gand et à Bruges
270 km

Gand, cité universitaire magnifiquement sillonnée par des canaux, saura vous séduire grâce à sa vieille ville et ses zones piétonnes aux multiples cafés, à son château médiéval ainsi qu'à la cathédrale Saint-Bavon. Poursuivez votre route vers Bruges, appelée la « perle de la Flandre », avec ses maisons décorées et ses rues pavées.

Bruxelles

Amsterdam

Parc national de la Haute-Veluwe

Maastricht

La Belgique et les Pays-Bas

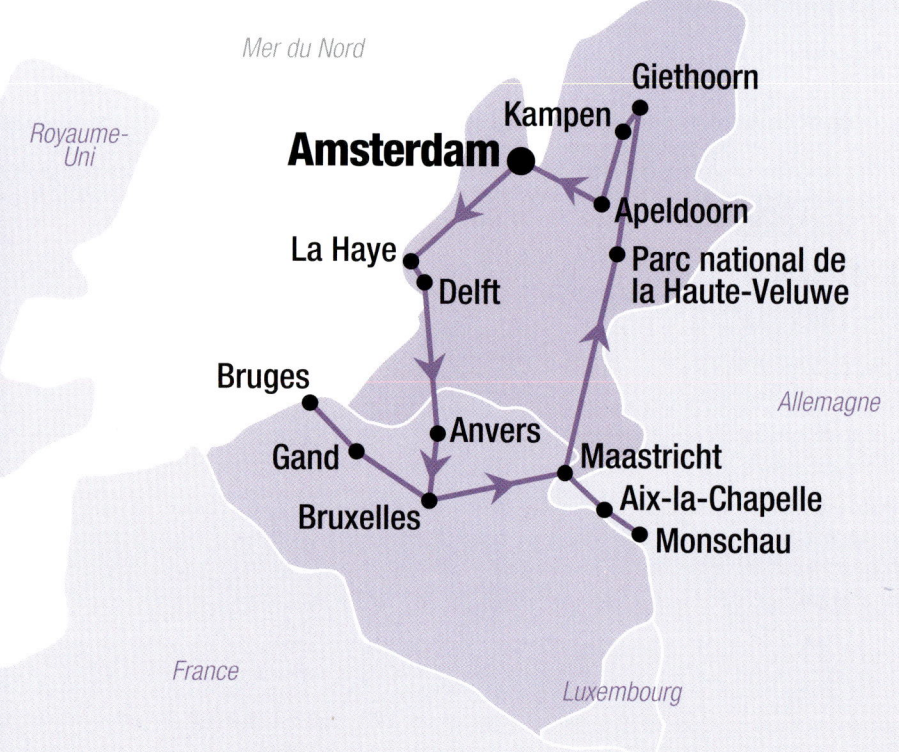

Jour 6

Bruxelles – Maastricht
125 km

Maastricht est l'une des plus anciennes villes des Pays-Bas. Parcourez à pied le quartier Stokstraat, avec son agréable rue piétonne bordée de maisons historiques, sans oublier la basilique Saint-Servais. Plus tard dans la journée, c'est en bateau sur le fleuve Maas que vous découvrirez les grottes du mont Sint-Pietersberg, trésors historiques de la région.

Jour 7

Maastricht – Excursion à Aix-La-Chapelle et à Monschau 144 km

Traversez la frontière allemande afin d'atteindre Aix-la-Chapelle, l'une des plus anciennes villes de l'ouest de l'Allemagne. Visitez le centre historique, avec sa cathé-

Bruges

drale datant du VIIIe siècle, puis rendez-vous à Monschau, village du XVIIe siècle qui se caractérise par ses hautes maisons étroites à toit d'ardoise.

Jour 8
Parc national de la Haute-Veluwe 178 km

Partez à la découverte du parc national de la Haute-Veluwe, aux paysages exceptionnels. Le parc abrite le musée Kröller Müller, qui possède une importante collection d'œuvres de Van Gogh, Picasso, Mondrian et Rodin.

Jour 9
Giethoorn et Kampen 157 km

Giethoorn est un village hollandais aux coquettes chaumières traditionnelles, entouré de lacs et de canaux. À bord d'un bateau, profitez du moment pour admirer l'architecture typique de ce village surnommé la «Venise de la Hollande». Enchaînez avec la visite de Kampen, port prospère du Moyen Âge.

Jour 10
Apeldoorn – Amsterdam 135 km

Terminez votre séjour par la visite d'Apeldoorn afin d'y découvrir le palais royal de Het Loo, aux somptueux jardins baroques avec fontaines, statues et portails monumentaux. Puis, rentrez à Amsterdam et profitez du reste de la journée pour visiter l'un de ses nombreux musées, entre autres la maison d'Anne Frank, le musée Van Gogh ou la maison de Rembrandt.

La Belgique à la carte

Royaume de Belgique

Capitale Bruxelles

Langues officielles néerlandais, français, allemand

Religion christianisme

Un plat les frites!

Un artiste le bédéiste Hergé

Un air de musique *La mer du Nord* de Jacques Brel

Les Pays-Bas à la carte

Royaume des Pays-Bas

Capitale Amsterdam

Langues officielles néerlandais, frison

Religions catholicisme (35%), protestantisme (30%)

Un plat la gaufrette au caramel, le *stroopwafel*, à manger chaude au marché!

Un artiste le peintre Vincent van Gogh

Grand-Place

La Belgique et les Pays-Bas

33

▸ **4 jours**

▸ Séjour à **Bruxelles**

Pour qui ? Pourquoi ?

On visite d'abord Bruxelles pour la richesse et la beauté de son architecture, laquelle regroupe littéralement toutes les époques. On y séjourne également pour son atmosphère décontractée et pour les douceurs de sa gastronomie.

Inoubliable…

▸ Manger des moules et des frites à la table d'un restaurant de la rue des Bouchers.
▸ Visiter la Fondation Jacques Brel.
▸ Admirer le magnifique décor de la Grand-Place, reconnue pour sa grande richesse ornementale.

Escapade à Bruxelles

Difficile de ne pas être séduit par l'élégance de cette ville du nord de l'Europe. Malgré sa météo incertaine et ses passages nuageux, Bruxelles brille de tous ses feux. Ses bâtiments et édifices tantôt gothiques, tantôt Art nouveau, sauront plaire aux esthètes en quête de nouvelles découvertes architecturales. Voici un magnifique séjour dans la capitale belge qui a pour but de vous introduire aux cultures flamande et wallonne puisque Bruxelles, c'est un peu ce point de rencontre.

Manneken-Pis

Centre belge de la bande dessinée

Parlement européen

Itinéraire

Jours 1 et 2
Bruxelles

Démarrez avec un tour général pour vous familiariser avec les monuments bruxellois : la cathédrale Saint-Michel, l'Atomium, la Résidence royale et le sympathique *Manneken-Pis*, suivi d'une promenade sur la Grand-Place. Puis, en prenant votre temps, visitez le Centre belge de la bande dessinée, installé dans un ancien magasin de style Art nouveau. Apprenez-en plus sur l'histoire de la BD : croquis, esquisses, reconstitutions, archives. Une très large place est évidemment faite au bédéiste Hergé. En soirée, pourquoi ne pas vous asseoir à la table d'un restaurant de la rue des Bouchers ? L'ambiance y est festive et sympathique.

Art nouveau et musée Horta

C'est de Bruxelles qu'émergea l'Art nouveau au tournant du XXe siècle. L'architecte Victor Horta est probablement à l'origine du mouvement. On lui doit d'ailleurs l'Hôtel Tassel, premier édifice Art nouveau à porter l'appellation. Pour une introduction à l'Art nouveau ou pour approfondir votre connaissance, visitez le musée Horta, ancienne maison personnelle de l'architecte. Sa décoration intérieure a été en grande partie préservée : mosaïques, vitraux, mobiliers, peintures murales. On y trouve également un centre de recherche sur l'architecte et l'Art nouveau.

Jour 3
Excursion à Gand et à Bruges 209 km

Découvrez la région flamande. Visitez Gand et partez flâner sur le quai aux Herbes, indubitablement l'un des plus beaux endroits de la ville. Allez également faire un tour du côté de Patershol, dont les charmantes ruelles médiévales sont parsemées d'établissements sympathiques pour se restaurer. À Bruges, participez à une croisière sur les canaux qui entourent le centre-ville et poussez la porte de la brasserie Halve Maan afin d'y déguster la bière Brugse Zot.

Jour 4
Bruxelles

Autre curiosité, la Fondation Jacques Brel, située place de la Vieille Halle aux Blés. La Fondation abrite une exposition interactive sur la vie et l'œuvre du chanteur belge. On y voit maintes archives, vidéos d'entrevues et de spectacles, photos, etc. Magnifique boutique à l'entrée.

34

La Belgique et les Pays-Bas

▶ **4 jours**

▶ Séjour à **Amsterdam**

Pour qui ? Pourquoi ?

Parfait pour un premier contact avec Amsterdam. Voici une visite pertinente des incontournables !

Inoubliable…

▸ *Découvrir le Rijksmuseum, aux collections inestimables.*

▸ *Parcourir Amsterdam à vélo.*

▸ *Visiter la maison d'Anne Frank, un musée touchant sur l'histoire de la déportation des Juifs sous l'Occupation.*

Escapade à Amsterdam

Ville ouverte et tolérante, Amsterdam ne se résume pas seulement à son célèbre Red Light District et ses fameux *coffee shops*. Avec ses canaux et ses musées mondialement connus, la métropole des Pays-Bas est l'une des capitales européennes les plus séduisantes. On s'y déplace à vélo, on flâne le long des quais au centre-ville ou on s'attable simplement à un « café brun ». Avec son allure bon enfant, Amsterdam abrite également des milliers de beautés architecturales incluant pas moins de 7 000 maisons classées monuments historiques. À vous de découvrir cette métropole du nord de l'Europe, que ce soit à pied, à vélo ou en bateau !

Boutique de sabots

Rijksmuseum

Itinéraire

Jours 1 et 2
Amsterdam

Les Amstellodamois se déplacent presque exclusivement à vélo! C'est donc comme eux que vous explorerez la ville. Voyez les incontournables : le Palais royal, le Monument national, le «Skinny Bridge» et le marché Albert Cuyp. Dirigez-vous ensuite vers le quartier des musées, à la découverte du Rijksmuseum ou du musée Van Gogh. Dînez à la table d'un restaurant sur les quais du fleuve IJ, l'une des principales artères navigables de la ville, à l'atmosphère effervescente.

Jour 3
Excursion à La Haye – Delft 210 km

Départ en direction de La Haye, pour une découverte de la ville, siège du gouvernement des Pays-Bas, mais aussi la capitale mondiale de la paix et de la justice. Poursuivez vers Delft, mondialement reconnue pour sa faïence. Visitez une faïencerie où vous pourrez voir comment on fabrique la fameuse porcelaine.

Jour 4
Amsterdam

Pourquoi ne pas monter à bord d'une péniche ou même d'un pédalo pour découvrir Amsterdam par ses canaux? Admirez les magnifiques façades qui les ornent, symboles de l'Amsterdam prospère d'autrefois. Ne manquez pas la maison d'Anne Frank. C'est ici qu'une jeune adolescente juive et sa famille restèrent cachées durant plus de deux ans pendant l'Occupation. Ce musée touchant présente une exposition sur la persécution des Juifs et la discrimination.

Les «cafés bruns»

Ces cafés font partie intégrale de la culture amstellodamoise. Le nom de «cafés bruns» vient de leur intérieur en bois marron, ainsi que de leurs murs et plafonds imprégnés de nicotine. Que ce soit pour un café tôt le matin, un lunch entre amis ou un verre après le travail, ces cafés sont des lieux décontractés à prix très abordables. On y sert également des repas légers et quelques spécialités du terroir. Chaque quartier possède son ou ses «cafés bruns», à l'atmosphère intimiste et chaleureuse.

Les îles Britanniques

- **35** L'Angleterre en fleurs
- **36** Verte Irlande
- **37** Merveilles d'Écosse
- **38** Escapade à Londres

Stratford-upon-Avon

35 — L'Angleterre en fleurs

- **7 jours**
- Boucle au départ de **Londres**

Pour qui ? Pourquoi ?

D'un romantisme absolu, ce voyage saura plaire à ceux qui souhaitent découvrir l'Angleterre à travers toute la splendeur des jardins anglais…

Inoubliable…

- Découvrir le village de Stratford-upon-Avon.
- Parcourir la campagne anglaise et ses paysages bucoliques.
- Visiter les plus beaux jardins, parcs et roseraies du pays.
- Explorer les villes importantes de Londres, Birmingham et Bath.

La campagne anglaise est naturelle, sauvage, irrégulière, et on ne la visite pas par une route bien précise ! Le voyageur s'y promène plutôt à sa guise, au fil de ses découvertes sur des chemins sinueux. Venez découvrir ses plus belles régions rurales. À l'ouest de Londres, explorez les Cotswolds, une région qui a si peu changé au fil des siècles, idyllique avec ses rangées de petites maisons en calcaire couleur de miel. Des villes comme Stratford, Coventry ou Bourton-on-the-Water viendront renforcer cette image pastorale que nous avons déjà de cette Angleterre romantique.

L'Angleterre en fleurs   35

Elizabeth Tower, Londres

Partie de cricket

Votre guide : Marie-Claude Chapuis

Son coup de cœur :
L'art de vivre à l'anglaise

Lorsque je suis en Angleterre, je reste fasciné par cette forme d'étiquette, ces bonnes manières qui semblent figées dans le temps. Nulle part ailleurs on ne répond à mes questions avec autant de diplomatie et de politesse ! Aussi, en plus de leur excentricité légendaire, les Anglais semblent posséder un sang-froid à toute épreuve ! Le ton monte rarement, les files d'attente sont toujours bien droites, on questionne son interlocuteur sur la météo et on s'habille encore de ses plus beaux habits pour sortir prendre le thé, quoi qu'il arrive. La liste des bonnes manières anglaises semble sans fin, mais m'amuse et me distrait lorsque j'y suis. Les Anglais en tirent une grande fierté !

Itinéraire

Jour 1

Londres – Stratford-upon-Avon
160 km

Dès votre arrivée à Londres, faites route vers Stratford-upon-Avon. Au cœur de la ville, voyez la maison qui a vu naître Shakespeare ainsi que la maison d'enfance d'Anne Hathaway, épouse du dramaturge. Le cottage d'Anne Hathaway est en fait une maison de ferme de plus de 12 pièces, dans un magnifique style Tudor. Admirez son toit de chaume, ses multiples cheminées et ses splendides jardins. Poursuivez ensuite votre route vers Coventry, d'où vous voyagerez en boucle pour les prochains jours.

Jour 2

Coventry – Birmingham – Coventry 110 km

Prenez la route de Birmingham, deuxième ville du Royaume-Uni et ville phare de la révolution industrielle. Visitez à pied cette ville fascinante au passé si riche. Le Birmingham Museum & Art Gallery et l'Ikon Gallery de Brindleyplace sauront plaire aux amateurs d'art préraphaélite et contemporain. La ville compte également un jardin botanique somptueux ! Retour à Coventry pour la nuit.

Jour 3

Coventry

Prenez le temps de vous balader dans la ville de Coventry. Flânez au cœur du jardin d'Al-

Les îles Britanniques

35 L'Angleterre en fleurs

Royal Crescent, Bath

Bourton-on-the-Water

Stonehenge

Palais de Hampton Court

Les îles Britanniques

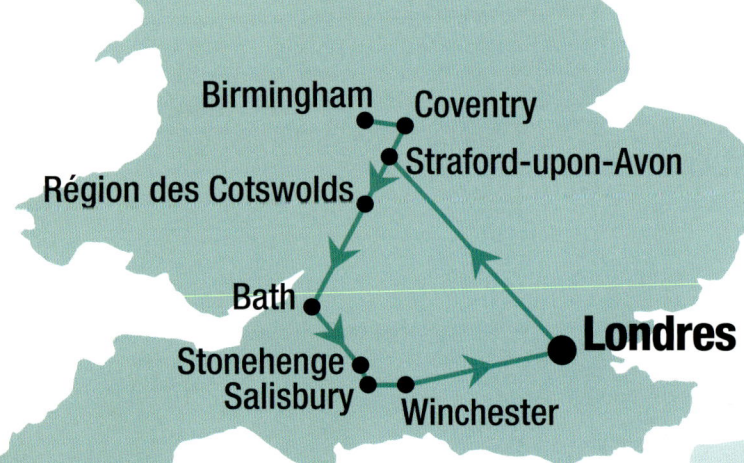

lesley, où vous pourrez admirer et constater la conception irrégulière et sauvage d'un typique jardin anglais.

Jour 4

Cotswolds 100 km

Quittez maintenant Coventry afin de rejoindre la région rurale des Cotswolds, réputée pour ses douces collines, ses villages à l'architecture unique et ses paysages typiquement anglais. Faites un arrêt à Bourton-on-the-Water, surnommé la « Venise des Cotswolds », qui, année après année, est désigné comme l'un des plus beaux villages de l'Angleterre.

Jour 5

Bath 100 km

C'est à pied que l'on visite Bath! Inscrite au patrimoine mondial de l'UNESCO, elle conserve d'importants vestiges d'un passé lointain. Ne manquez pas d'aller aux bains romains!

Jour 6

Stonehenge – Région de Salisbury 80 km

Explorez Stonehenge, vieux de 4 000 ans! Visitez le site préhistorique le plus réputé et énigmatique de Grande-Bretagne. Poursuivez ensuite votre route jusqu'à Salisbury, où vous pourrez voir l'imposante cathédrale anglicane de Sainte-Marie. Enchaînez avec la découverte de la ville de Winchester. Temps d'arrêt à la cathédrale qui abrite le tombeau de l'écrivaine britannique Jane Austen. Cette ville compte également son nombre de curiosités dont le Great Hall, seul vestige restant du château de Winchester, où vous pourrez admirer la Table ronde mentionnée dans les archives du XIVe siècle et où sont inscrits les noms de tous les chevaliers du roi Arthur.

Winchester

Jour 7

Région de Salisbury – Londres 140 km

Ce matin, partez à la découverte du palais de Hampton Court, célèbre demeure de nombreux souverains britanniques. Explorez les immenses cuisines de style Tudor d'Henri VIII, la splendide chapelle royale et la grande salle. Sachez également que le château abrite une collection de peintures Renaissance parmi les plus belles d'Europe. Mais surtout, n'oubliez pas de contempler les jardins victoriens situés sur le bord de la rivière et parcourez son fameux labyrinthe, connu dans le monde entier.

Jour 8

Londres

Le matin, terminez votre séjour en faisant route vers Londres. Rendez-vous dans le sud-ouest de la ville pour découvrir le Syon Park, magnifiquement posé sur les berges de la Tamise. Au cœur du parc, voyez ce château qu'est la Syon House, toujours habitée par les comtes de Northumberland.

Le Royaume-Uni à la carte

Royaume-Uni de Grande-Bretagne et d'Irlande du Nord

Capitale Londres

Langue officielle anglais

Religions christianisme (72%), islam (2%), hindouisme (1%)

Un plat le *plum pudding*, un dessert traditionnellement servi le jour de Noël

Un artiste l'actrice Kate Winslet

Un air de musique *Nearer, My God, to Thee!*, chant traditionnel anglais datant du XIXe siècle

- **12 jours**
- De **Dublin** à **Belfast, Irlande du Nord**

Pour qui ? Pourquoi ?

Voyage de découverte pour les passionnés de mythologie celte, d'histoire ancienne et de paysages verdoyants. Les amateurs de randonnée ne seront pas en reste dans le sud de l'île, où se trouvent les plus beaux sentiers d'Europe.

Inoubliable…

- Voir les époustouflantes falaises de Moher.
- Célébrer une soirée en musique dans un pub de Dublin.
- Explorer les châteaux de Kilkenny et de Blarney.
- Parcourir à pied les chemins de l'anneau de Kerry sur les routes les plus anciennes.

Verte Irlande

Vertes vallées, falaises abruptes, histoire, mythes et légendes, l'Irlande vous accueille à bras ouverts. C'est l'hospitalité et la chaleur de son peuple ainsi que ses paysages à couper le souffle qui feront de votre voyage une expérience inoubliable. Explorez les villes vibrantes de Dublin, Belfast ou Londonderry et, tel un funambule, parcourez les sentiers de l'anneau de Kerry, probablement les plus spectaculaires d'Europe. Entrez dans la danse et gardez le rythme du nord au sud et d'est en ouest ! Découvrez toutes les beautés de l'île d'Émeraude ainsi que sa contagieuse joie de vivre !

Verte Irlande

Chaussée des Géants

Dublin

Votre guide : Marie-Claude Chapuis

Son coup de cœur : Les pubs irlandais

Chaque ville ou village d'Irlande possède sa longue liste de pubs. Je dirais même que chaque quartier abrite son pub où chaque jour, peu importe l'heure ou le temps qu'il fait, s'y retrouvent les gens du coin pour socialiser, échanger ou simplement pour boire et manger. J'affectionne les pubs irlandais, car ils semblent faire partie de chaque famille, comme une pièce intégrante de leur maison, généralement située tout près. En soirée, ils sont souvent pris d'assaut par les musiciens qui partagent ainsi avec nous leur culture et leur histoire, ancienne comme actuelle. J'aime m'asseoir au bar, où l'on fait de belles rencontres tout en savourant une pinte de Guinness !

Itinéraire

Jours 1 et 2
Dublin et environs

Explorez la capitale effervescente de l'Irlande ! À votre rythme, découvrez son architecture georgienne et médiévale. Visitez le Musée national, le collège de la Trinité, sans oublier le Guinness Storehouse. En un deuxième temps, sortez du centre-ville et dirigez-vous vers la vallée de la Boyne, paysage fertile et boisé qui évoque la grandeur de l'Irlande celtique. Au cœur du site de Brú na Bóinne, grimpez à pied la colline de Tara, lieu mythologique irlandais. Découvrez un site archéologique tout à fait exceptionnel du néolithique, où des traces de présence humaine datant de 3 000 ans auraient été décelées.

Jour 3
Dublin – Kilkenny
123 km

Partez pour Glendalough à la découverte du monastère du même nom, datant du VIe siècle et qui fut longtemps un site de pèlerinage. Puis, c'est par des vallées et collines paisibles que vous atteindrez Kilkenny, remarquable cité médiévale. Visitez son château, l'un des plus grands d'Irlande. Vous y découvrirez le mode de vie de la noblesse anglo-irlandaise.

Jour 4
Kilkenny – Cork
154 km

En chemin vers Cork, faites une pause à Cobh et pénétrez au cœur du Cobh's Heritage Centre, un endroit émouvant qui abrite une exposition évoquant entre autres la vie des émigrants à bord des bateaux et le naufrage du *Titanic*. Puis, plongez au cœur de Cork, cette magnifique ville du sud à l'atmosphère bon enfant. Prenez votre temps pour en faire le tour à pied. Terminez votre soirée à la table d'un pub. Pourquoi pas au Bodega, au style raffiné et moderne, ou au Castel Inn, dans l'esprit classique des pubs irlandais ?

Jour 5
Killarney 87 km

En route vers Killarney, visitez le château de Blarney, où l'on retrouve la pierre de Blarney : on prétend que l'éloquence est accordée à ceux qui l'embrassent. Puis, traversée du parc national de Killarney, classé réserve de la biosphère de l'UNESCO.

Jour 6
Killarney

Consacrez la journée à la visite de l'anneau de Kerry et de sa région. Elle est une des routes touristiques les plus connues du monde. Voyez montagnes, baies rocheuses, plages de sable et paysages marins.

Les îles Britanniques

Région de Galway

Saint Patrick

Château de Blarney

Cork

Les îles Britanniques

Saint Patrick, patron de l'Irlande

Maewyn Succat serait né aux environs de 385 en Grande-Bretagne. À l'adolescence, il est enlevé par des pirates irlandais, puis vendu comme esclave qui doit travailler comme berger. C'est après un songe où Dieu lui a demandé de rejoindre le rivage et de s'échapper que Maewyn réussit à retourner en Grande-Bretagne et devient croyant. Il se consacre alors à des études théologiques et devient prêtre, diacre puis évêque. Il est alors appelé une seconde fois par Dieu, qui lui dit de retourner en Irlande comme missionnaire. Après de longues années d'évangélisation, saint Patrick meurt en 461 dans une Irlande devenue chrétienne.

Jour 7
Killarney – Limerick
110 km

Explorez la cité vibrante de Limerick en portant une attention toute particulière au Bunratty Folk Park, qui fait revivre de façon exceptionnelle les activités paysannes en Irlande au tournant du XXe siècle, au moment de la révolution agricole. En soirée, pourquoi ne pas participer à un dîner-banquet au château médiéval de Knappogue?

Jour 8
Falaises de Moher

Montez à bord d'un ferry pour rejoindre Killimer, située sur la rive nord de l'estuaire de Shannon. Puis, faites enfin route jusqu'aux incontournables falaises de Moher. Admirez le paysage d'un des sites les plus spectaculaires d'Irlande. Non loin de là, ne manquez pas d'explorer les Burrens, impressionnant désert de pierre à l'allure stérile, mais dont le sol, regorgeant de nutriments, a été durant plusieurs siècles l'une des terres les plus prisées de l'île.

Jour 9
Galway – Sligo 185 km

Imprégnez-vous de l'ambiance bohème de Galway. Visitez l'abbaye de Kylemore, château néogothique qui abrite aujourd'hui une communauté religieuse bénédictine et une école. Traversez le parc national de Connemara pour rejoindre Sligo, magnifique ville côtière au riche patrimoine littéraire. C'est d'ailleurs ici que repose le célèbre poète et dramaturge irlandais William Butler Yeats, dont la prose fut fortement inspirée par la beauté grandiose des paysages de la côte nord-ouest.

Jour 10
Sligo – Londonderry
140 km

Départ en matinée pour l'Irlande du Nord afin de visiter Enniskillen, petite ville

Verte Irlande 36

Falaises de Moher

lacustre. En chemin, arrêtez-vous à Bellek, connue internationalement pour sa porcelaine imitant le marbre de Paros. En route vers Londonderry, une halte s'impose à Donegal, plus grande baie d'Irlande, avec ses falaises abruptes et ses plages de sable blanc.

Jour 11
Londonderry

Bien qu'elle soit le lieu poignant de la tragédie de 1972 dénommée *Bloody Sunday*, Londonderry est aujourd'hui une ville dynamique d'Irlande du Nord qui conjugue à merveille son passé à la modernité. L'idéal est de découvrir la ville par ses remparts, magnifiquement conservés, pour un aperçu de son activité. Partez ensuite pour le comté d'Antrim afin de découvrir la Chaussée des Géants, le plus extraordinaire des sites naturels d'Irlande, avec ses 40 000 colonnes hexagonales juxtaposées et créées il y a plus de 60 millions d'années par une éruption volcanique. Le centre d'accueil des visiteurs propose une excellente présentation vidéo et une intéressante exposition sur ce site classé au patrimoine mondial de l'UNESCO.

Jour 12
Londonderry – Belfast 315 km

Faites route vers Belfast, grande cité industrielle et commerçante de l'ère victorienne. C'est ici que fut construit le célèbre paquebot *Titanic*. Découvrez Donegall Square, l'hôtel de ville, l'opéra ainsi que la Church House. Mais surtout, n'oubliez pas de flâner au marché St. Georges, probablement l'un des plus intéressants marchés de tout le Royaume-Uni ! On y trouve de tout : des produits alimentaires locaux à la brocante de tout genre ! Un endroit vivant à privilégier par ceux qui souhaitent s'imprégner du quotidien des gens de Belfast !

L'Irlande à la carte

République d'Irlande

Capitale Dublin

Langues officielles irlandais et anglais

Religion catholicisme (93%)

Un plat l'*Irish stew*, un ragoût d'agneau traditionnel, composé de pommes de terre, d'oignons et de carottes, dont la sauce est à base de *stout* (bière brune)

Un artiste Paul David Hewson, mieux connu sous le nom de Bono, charismatique chanteur du supergroupe rock U2

37

Château Eilean Donan

- **10 jours**
- De **Glasgow** à **Édimbourg**

Pour qui ? Pourquoi ?

Un itinéraire sur mesure pour les amoureux des grands espaces, d'une nature encore sauvage et d'une culture extraordinairement chaleureuse ! N'oublions pas les golfeurs qui trouveront ici leur bonheur en jouant sur les plus beaux terrains au monde.

Inoubliable…

- Écouter un concert de musique celte dans un pub de Glasgow.
- Faire une croisière sur le Loch Ness.
- Déguster un whisky chez un distillateur.
- Flâner dans la vieille ville d'Édimbourg.

Merveilles d'Écosse

Partez à la découverte du pays des kilts et de la cornemuse. Terre enveloppée de magie et de mystère, l'Écosse se dévoile à travers ses Highlands, région couverte de collines et de montagnes, ses nombreux lochs d'où plusieurs légendes ont émergé, ses châteaux au passé riche en histoire, sans oublier ses distilleries de whisky que vous aurez la chance de visiter et d'apprécier. À travers le brouillard et la brume, venez rencontrer un peuple chaleureux qui saura vous faire partager sa joie, son histoire tumultueuse et ses coups de cœur !

Merveilles d'Écosse

Votre guide : Marie-Claude Chapuis

Son coup de cœur : Les Highlands

Lors d'un séjour en Grande-Bretagne, je suis très heureux chaque fois de partager avec les voyageurs la beauté spectaculaire des Highlands d'Écosse. Cette région peut paraître rude avec ses falaises escarpées, ses vallées profondes, ses champs de bruyères et ses lacs aux eaux cristallines. Pourtant les Highlands me séduisent par leur authenticité. En dépit, bien entendu, du climat parfois capricieux, j'aime la chaleur contrastante des habitants et les paysages à la fois minimalistes et grandioses. Je ne manque jamais une visite au château de Sinclair et Girnigoe, perché sur sa falaise, véritable symbole de la résistance écossaise face aux envahisseurs.

Vache des Highlands

Itinéraire

Jour 1
Glasgow

Glasgow est une ville qui vibre au son de la musique ; on y trouve des festivals pratiquement toute l'année. Profitez de votre passage pour assister à quelques concerts. Que ce soit au Old Fruitmarket, au Barrowlands ou au King Tut's, Glasgow est une véritable salle de concerts à ciel ouvert. Pas étonnant que la ville ait été nommée ville UNESCO de musique en 2008.

Jour 2
Glasgow – Excursion au lac Lomond 130 km

Au matin, prenez la route en direction du Loch Lomond, l'un des plus grands lacs de Grande-Bretagne. Pour le contempler dans toute sa splendeur, arrêtez-vous au petit village de Luss, d'où vous aurez une vue magnifique. En après-midi, poursuivez votre route vers Stirling, ville antique dominée par un imposant château. C'est d'ailleurs au cœur de cette forteresse que fut couronnée Marie Stuart en 1543.

Jour 3
Pitlochry – Glencoe 270 km

Départ pour Pitlochry afin de découvrir la distillerie Edradour et son étonnant processus de fabrication du whisky. Une dégustation s'impose ! Puis, traversez la vallée de Glencoe. Magnifique splendeur des Highlands, la vallée fut également le théâtre du malheureux massacre de Glencoe en 1692.

Jour 4
Mallaig – Région de Skye 90 km

Route vers Mallaig, lieu de départ du ferry pour l'île de Skye, une des Hébrides, réputée pour ses paysages spectaculaires et la richesse de ses légendes. Un fois sur l'île, ne manquez pas de visiter le musée qui relate l'histoire et la vie de ses habitants aux siècles derniers.

Jour 5
Région de Skye – Inverness 205 km

En chemin vers Inverness, faites un arrêt au château Eilean Donan, une véritable icône des Highlands écossais. Puis, à Inverness, découvrez son château, l'hôtel de ville ainsi que la cathédrale St. Andrew. Si le temps vous le permet, ne ratez pas l'occasion de vous offrir une croisière pour une découvrir le fameux Loch Ness. Les mythes et légendes du Loch Ness sont évidemment bien connus, mais laissez-vous raconter ces histoires fascinantes dans un cadre des plus mythiques et enchanteurs.

37

Glencoe

Île de Skye

Loch Ness

Les îles Britanniques

Jour 6
Inverness : excursion à John O'Groats 400 km

Dans la matinée, prenez la route du littoral nord de l'Écosse et de John O'Groats, à l'extrémité nord-est de l'île de Grande-Bretagne. Voyez les macareux ou encore des phoques sur les falaises abruptes et les plages rocailleuses.

Jour 7
Inverness – Aberdeen 180 km

En route vers Aberdeen, arrêtez-vous au musée poignant de Culloden Moore, situé sur un ancien champ de bataille, théâtre de violents affrontements entre les jacobites et les forces gouvernementales en 1746. Poursuivez par une visite chez un distillateur de whisky dans la région de Speyside, laquelle regroupe plus des deux tiers des distilleries d'Écosse. En après-midi, visitez Aberdeen à pied. Découvrez la magnifique cathédrale St. Machar et la Provost Skene's House, la plus vieille maison de la ville.

Jour 8
St Andrews 210 km

En route vers St Andrews, vous pourrez faire une halte à la forteresse médiévale de Dunnottar, dont les ruines occupent un site spectaculaire au bout d'un piton rocheux en surplomb sur la mer du Nord. Quant à St Andrews, que plusieurs considèrent comme le berceau du golf, elle accueille chaque année des tournois prestigieux en raison de la beauté de ses terrains et de son sable. Sur place, un musée retrace l'histoire du matériel et de la technique à travers des objets anciens.

Jours 9 et 10
Édimbourg

Édimbourg, capitale d'Écosse. Profitez de ces deux dernières journées pour découvrir la cathédrale Saint-Gilles, le palais de justice, le Parlement écossais ou encore le palais de Holyroodhouse, résidence officielle de la reine lorsqu'elle séjourne en Écosse. Poursuivez par la visite du château d'Édimbourg, impressionnant monument surplombant la ville. La vieille ville (Old Town), quant à elle, propose également son lot de curiosités. Essayez les visites souterraines à travers les caves de la ville ! Et pour terminer, sachez que l'Écosse a aussi beaucoup à offrir du point de vue gastronomique. Découvrez les produits du terroir écossais en flânant au marché du terroir d'Édimbourg, sur Castle Terrace. Magnifique !

Merveilles d'Écosse — 37

Édimbourg

Le whisky (ou uisge beatha en gaélique)

Le whisky vit le jour il y a plusieurs siècles, lorsque les paysans essayèrent de trouver une utilisation à l'orge mouillée, celle qui était récoltée sous la pluie. Aujourd'hui, l'Écosse compte à elle seule une centaine de distilleries, ce qui en fait le premier producteur de whisky au monde. Comme chez les vignerons, chaque distillateur offre un whisky différent. Parcourez l'Écosse sur son Whisky Trail ! Découvrez tout particulièrement la région du Speyside, pour déguster les différents arômes de cette boisson nationale !

Les îles Britanniques

Tower Bridge

5 jours

▶ Séjour à **Londres**

Pour qui ? Pourquoi ?

Un magnifique survol de Londres, pour ceux qui en sont à leur premier séjour dans la capitale britannique.

Inoubliable…

- Prendre une bière dans un pub du centre-ville.
- Chiner sur la Portobello Road dans le quartier de Notting Hill.
- Découvrir la plus grande collection d'objets de l'Égypte ancienne au monde au British Museum.
- Flâner dans Hyde Park.

Escapade à Londres

Vous ne pouvez que vous sentir bien dans cette ville absolument décontractée. Si vous arrivez de Paris, le contraste sera étonnant. Londres, extrêmement cosmopolite, semble accepter chacun comme il est. Mélange de genres et de styles, Londres est une ville curieuse et agréable à vivre. Découvrez une capitale ouverte sur le monde, une architecture étonnante et un peuple délicieusement attaché à sa monarchie.

Un pub

Palais de Buckingham

Covent Garden

Carnaval de Notting Hill

Itinéraire

Jour 1
Le centre-ville

C'est depuis l'étage supérieur de l'un de ses autobus municipaux que vous devez d'abord et avant tout découvrir la ville. Montez à bord de ce qu'on appelle un *double-decker red bus*. Un tour d'orientation en autobus vous donnera une première impression de Londres et un bon aperçu des incontournables qu'il faut voir! Puis, à pied, découvrez le centre de la ville. Voyez Piccadilly Circus, Trafalgar Square et le palais de Buckingham, résidence de la famille royale anglaise. En après-midi, fuyez la foule et dirigez-vous vers Hyde Park, plus grand parc du centre de la capitale.

Jours 2 et 3
Les quartiers

Prenez ces deux journées pour visiter les quartiers branchés et éclectiques de la ville. Rendez-vous à Camden Town pour y découvrir le marché de Camden, à l'ambiance hippie. On y trouve de l'artisanat, mais aussi de petits restos, des vêtements ou de la brocante. L'esprit *underground* y est tout particulier. Dans un deuxième temps, explorez le chic et bohème quartier de Notting Hill. Déambulez sur la Portobello Road, reconnue pour ses magnifiques boutiques d'antiquités et de curiosités!

Jours 4 et 5
Les musées

Vous ne pouvez quitter Londres sans avoir visité quelques-uns de ses musées. L'incontournable British Museum mérite une journée complète. Découvrez la plus grande collection d'objets du Soudan ancien et de l'Égypte ancienne au monde, soit plus de 70 000 objets répertoriés parmi lesquels se trouvent des momies et des sarcophages. La National Gallery de Londres, qui abrite plus de 2 300 tableaux couvrant la période du Moyen Âge à la fin du XIXe siècle, mérite également le détour.

La Tour de Londres

Une journée complète devrait être prévue pour découvrir la Tour de Londres, située sur la rive nord de la Tamise. Construite vers l'an 1000, cette forteresse est surtout connue comme lieu d'incarcération, de torture et d'exécution aux siècles passés. Des personnages célèbres y ont connu une fin tragique, tel fut le sort d'Anne Boleyn, de Catherine Howard et de l'humaniste anglais Thomas More. Aujourd'hui, la Tour de Londres est l'un des musées les plus visités de Grande-Bretagne. À vous de la parcourir pour ainsi mieux découvrir son histoire.

Les îles Britanniques

Ouglitch, Russie

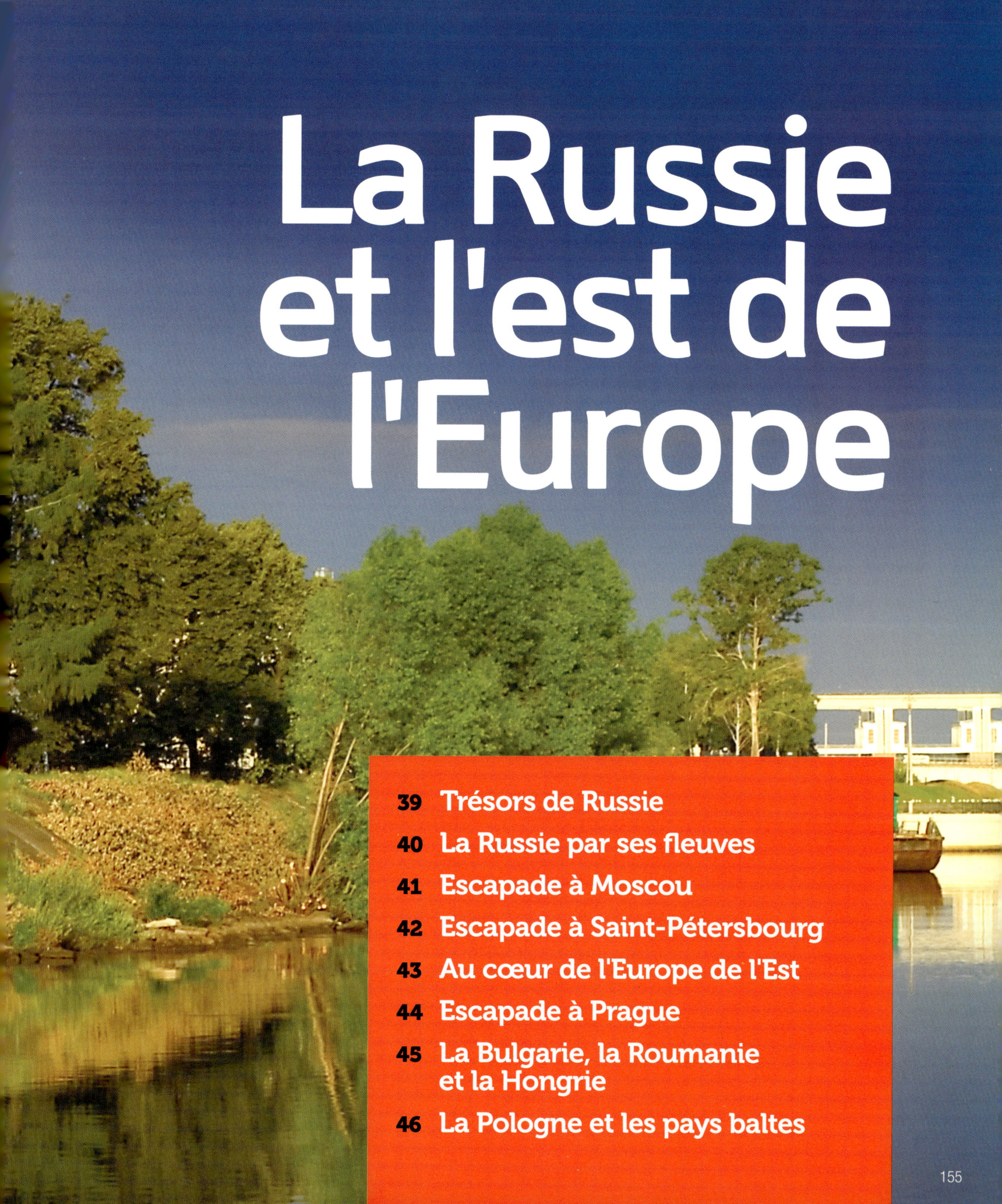

La Russie et l'est de l'Europe

39 Trésors de Russie
40 La Russie par ses fleuves
41 Escapade à Moscou
42 Escapade à Saint-Pétersbourg
43 Au cœur de l'Europe de l'Est
44 Escapade à Prague
45 La Bulgarie, la Roumanie et la Hongrie
46 La Pologne et les pays baltes

Cathédrale de l'Archange-Saint-Michel, Moscou

39 — La Russie et l'est de l'Europe

▶ **9 jours**

▶ De **Moscou** à **Saint-Pétersbourg**

Pour qui ? Pourquoi ?

Un superbe séjour pour les amateurs d'art religieux, de bâtiments monastiques et d'églises emblématiques.

Inoubliable…

- Voir la cathédrale Saint-Basile-le-Bienheureux à Moscou.
- Entrer dans la cathédrale Sainte-Sophie à Novgorod.
- Passer une journée au musée de l'Ermitage, à Saint-Pétersbourg.
- Faire une balade en bateau sur la Neva à Saint-Pétersbourg, à la tombée de la nuit.

Trésors de Russie

Ce vaste pays charme à tous coups par la richesse de son histoire et de son patrimoine architectural. Dans chaque ville, la découverte de l'église ou de la cathédrale est inévitable. Ces sanctuaires sont la mémoire des villes et villages auxquels ils appartiennent. L'architecture ecclésiastique a terriblement évolué au cours des deux derniers millénaires, répondant aux changements de croyances, de pratiques et de traditions locales. C'est donc une grande leçon d'histoire que de voyager à travers la Russie en poussant dans chaque ville la porte des lieux de culte.

Trésors de Russie

Serguiev Possad

Votre guide : Eva Dvorakova (voir p. 200)

Son coup de cœur : Le musée de l'Ermitage

Le point culminant d'une visite en Russie reste, selon moi, la découverte de l'Ermitage à Saint-Pétersbourg, le plus grand musée du monde, magnifiquement posé sur les bords de la Neva. L'ensemble de ses bâtiments, qui occupent une grande partie du centre de la ville, est d'ailleurs classé au patrimoine mondial de l'UNESCO. Ici, tout le monde y trouve son compte, puisque le musée abrite des collections d'art de la préhistoire jusqu'à aujourd'hui, en passant par les grandes collections de peinture hollandaise, française et italienne. On y passe largement une journée et, si on dispose du luxe de séjourner plusieurs jours dans la ville, on y revient pour apprécier la grandeur et la beauté des lieux.

Itinéraire

Jour 1

Moscou

Dès votre arrivée dans la capitale russe, vous serez probablement attiré par la cathédrale Saint-Basile-le-Bienheureux, incontournable image mentale que nous possédons tous de Moscou. Située au cœur de la place Rouge, elle sera le centre de départ pour vos excursions. Offrez-vous le tour de ville incluant la visite du Kremlin, entouré d'un rempart de 2 235 m en briques rouges et flanqué de 20 tours. Visitez également la galerie Tretyakov aux 62 salles réparties sur deux niveaux. Admirez-y les icônes de la peinture russe classique des XVIIIe et XIXe siècles ainsi que des tableaux de l'avant-garde russe.

Jour 2

Moscou – Serguiev Possad – Yaroslavl 275 km

Départ pour la petite ville de Serguiev Possad, située à 70 km au nord de Moscou. La ville est célèbre dans le monde entier pour la beauté de son monastère. La laure de la Trinité Saint-Serge est un haut lieu de pèlerinage orthodoxe. Plus d'un million de personnes visitent cet établissement monastique chaque année. En fin de journée, poussez votre route vers Yaroslavl.

Jour 3

Yaroslavl – Kostroma 82 km

Découvrez Yaroslavl à pied, la plus ancienne ville de la région de la Volga, fondée en l'an 1010 par Yaroslavl le Sage. Les murs blancs et les tours du monastère de la Transfiguration-du-Sauveur contrastent avec les dômes dorés de sa cathédrale du XVIe siècle. Puis continuez votre chemin jusqu'à Kostroma. Voyez le monastère d'Ipatievski, au cœur de la ville, fondé au XVIe siècle.

Jour 4

Kostroma – Souzdal 190 km

Vous voici à Souzdal, l'une des plus anciennes cités russes. Découvrez la cathédrale de la Nativité-de-la-Vierge et son immense iconostase, puis poussez la porte du monastère du Sauveur-Saint-Euthyme.

La Russie et l'est de l'Europe

39

Cathédrale Saint-Sauveur-sur-le-Sang-Versé, Saint-Pétersbourg

Cathédrale Saint-Basile-le-Bienheureux, Moscou

La Russie et l'est de l'Europe

Jour 5

Souzdal – Vladimir – Moscou 220 km

Ce matin, faites route vers Vladimir. Un tour de ville vous fera découvrir la cathédrale de l'Assomption ainsi que l'église de l'Intercession. Revenez ensuite à Moscou, avant de monter à bord d'un train de nuit en direction de Novgorod.

Jour 6

Novgorod

Dès votre arrivée à Novgorod, partez à la découverte de cette ville historique arrosée par la rivière Volkhov. Entrez dans la cathédrale Sainte-Sophie, véritable symbole de l'indépendance et du pouvoir démocratique et populaire. Dotée de cinq dômes, elle fut l'une des premières constructions en pierre de Russie. En après-midi, visitez le mona-

Novgorod

stère et la cathédrale Saint-Georges, fondée en 1030 par le prince Yaroslavl le Sage.

Jour 7

Novgorod – Saint-Pétersbourg 200 km

Saint-Pétersbourg : offrez-vous un tour de ville panoramique de la capitale de Pierre Le Grand. Voyez la perspective Nevski, les quais de la Neva, la place du palais d'Hiver ainsi que la cathédrale Pierre-et-Paul, qui renferme les tombeaux des Romanov depuis Pierre le Grand.

Jours 8 et 9

Saint-Pétersbourg

Ces dernières journées sont consacrées à la découverte de la ville. À ne pas manquer : le palais de Pavlovsk, chef-d'œuvre de la période classique, le musée de l'Ermitage, un des plus prestigieux musées au monde, et la cathédrale Saint-Sauveur-sur-le-Sang-Versé, dédiée à Alexandre II. Et une fois la nuit tombée, pourquoi ne pas découvrir Saint-Pétersbourg illuminée en faisant une balade en bateau sur la Neva ?

La Russie à la carte

Fédération de Russie

Capitale Moscou

Langue officielle russe… et de nombreuses langues officielles locales

Religions christianisme orthodoxe (57 %) ; islam (entre 8 % et 15 %) ; protestantisme (9 %)

Un plat le *bortsch*, une soupe à base de betteraves, qui comporte de la viande, et différents légumes et condiments

Un artiste le violoncelliste Mstislav Rostropovitch

Un air de musique l'ensemble des *Concertos pour piano* du compositeur Sergueï Rachmaninov

40

- **7 jours**
- Circuit fluvial de **Moscou** à **Saint-Pétersbourg**

La Russie et l'est de l'Europe

Pour qui ? Pourquoi ?

L'intérêt majeur de ce circuit est fort probablement l'art et l'architecture religieuse de Russie, mais il intéressera également ceux qui souhaitent découvrir les endroits moins visités, les petits villages et les magnifiques paysages forestiers de l'ancienne Union soviétique.

Inoubliable…

- Partir en croisière sur la Volga, « la mère des fleuves russes ».
- Regarder le soleil se coucher sur les lacs de la Carélie.
- Admirer l'église du prophète Élie à Yaroslavl.
- Découvrir l'île de Kiji, la perle de la Carélie.

La Russie par ses fleuves

En Russie, l'immensité du territoire et la taille gigantesque des fleuves ont privilégié la navigation, jadis seul moyen d'accès aux contrées les plus reculées du continent. Les deux plus grandes villes du pays sont ainsi reliées entre elles par un itinéraire riche en témoignages de la vie religieuse et spirituelle de la vieille Russie. Un voyage jusqu'aux sites les plus isolés, telle l'île de Kiji, située au cœur du lac Onega, permet d'apprécier, entre ces escales, l'immensité de la Russie : forêts de bouleaux, lacs, fleuves… De Moscou à Saint-Pétersbourg par la Volga, les grands lacs de la Carélie et la Neva, découvrez le pays, au fil de l'eau, dans le décor somptueux qu'offre la nature sauvage de la Russie.

La rivière Moskova à Moscou

Yaroslavl

Itinéraire

Jour 1
Moscou

Jour d'embarquement sur votre bateau de croisière. Mais avant que le bateau ne quitte la capitale, partez d'abord explorer la ville. Voyez ses attraits les plus célèbres : la ceinture des boulevards, le théâtre Bolchoï et l'université Lomonossov, sans oublier le célèbre Kremlin. Si votre horaire le permet, visitez le monastère de Novodietvitchi, un ancien couvent de jeunes filles et remarquable ensemble religieux du XVIe siècle.

Jour 2
Ouglitch

Fondée en 1148, Ouglitch est l'une des plus anciennes villes de la vieille Russie. Admirez entre autres l'église de Saint-Dimitri-sur-le-Sang-Versé, le palais du Tsarévitch Dimitri ainsi que la cathédrale de la Transfiguration. Si vous avez la chance de visiter cette dernière, tendez l'oreille ; il n'est pas rare d'y entendre un chœur de chants orthodoxes.

Jour 3
Yaroslavl

Découvrez cette ancienne cité russe, l'un des bijoux de l'Anneau d'Or, située au confluent de la Volga et de la Kotorosl et fondée par Yaroslavl le Sage au XIe siècle. Visitez le site du monastère de la Transfiguration-du-Sauveur, puis entrez dans la splendide église du prophète Élie.

Jour 4
Goritsy

Le monastère de Saint-Cyrille-du-Lac-Blanc (Kirilo Belozerski) est accessible par une route de campagne qui se faufile à travers une forêt parsemée de prairies et de lacs. Il constitue le plus riche témoignage de l'architecture religieuse du XVe siècle, et sa visite est d'un grand intérêt. En soirée, naviguez en direction des grands lacs de la Carélie.

Jour 5
Kiji

Votre bateau file sur le lac Blanc, puis traverse le lac Onega pour atteindre Kiji, la perle de la Carélie. Cette petite île est classée au patrimoine mondial de l'UNESCO depuis 1992. Kiji possède un intéressant musée ethnographique et l'une des églises les plus surprenantes de toute la Russie : la Transfiguration-du-Seigneur, coiffée de 22 bulbes et construite entièrement de bois.

La Russie et l'est de l'Europe

Île de Kiji

La Russie et l'est de l'Europe

Jour 6
Mandroga

Aujourd'hui, empruntez la rivière Svir, qui relie les deux grands lacs Onega et Ladoga au cœur de la Carélie, dans un cadre naturel grandiose et majestueux. Faites escale dans le petit village reconstitué de Mandroga pour découvrir le monde rural et artisanal de la Russie.

Jour 7
Saint-Pétersbourg

C'est ici que se termine votre croisière. Faites le tour de Saint-Pétersbourg afin de découvrir les principaux sites de la ville : la perspective Nevski bordée de magasins, la place du Palais, l'Amirauté, la cathédrale Saint-Nicolas-des-Marins. Ne manquez pas la forteresse Pierre-et-Paul, dont la cathédrale contient les tombeaux des tsars de la famille Romanov.

La Russie par ses fleuves — 40

La Neva à Saint-Pétersbourg

La Volga à Ouglitch

Lac Ladoga

La datcha

En Russie, les gens aisés qui vivent dans de luxueux appartements urbains possèdent très souvent une *datcha*. Cette résidence secondaire à la campagne, plutôt rudimentaire, permettait autrefois aux citadins de quitter la ville et de cultiver un petit lopin de terre destiné à leur alimentation personnelle, avantage non négligeable sous le régime soviétique. Jusqu'à la chute de l'Union soviétique, la *datcha* représentait également la propriété « privée » du citoyen, dans un pays où celle-ci était complètement niée. Aujourd'hui, on y retourne pour se reposer en famille ou entre amis, mais aussi pour fuir la pollution et la grisaille des villes, le plus souvent durant les beaux mois d'été.

La Russie et l'est de l'Europe

41

Place Rouge

- ▶ **4 jours**
- ▶ Séjour à **Moscou**

Pour qui ? Pourquoi ?

Magnifique escapade pour les amateurs de théâtre, d'opéra, de ballet ou de cirque, Moscou étonne par la diversité et la richesse de sa programmation culturelle. On y vient aussi pour admirer et découvrir le Kremlin, le point culminant de toute visite dans la capitale russe.

Inoubliable…

- ▶ *Assister à une soirée de première au Bolchoï.*
- ▶ *Parcourir et admirer l'architecture urbaine des différentes stations de métro de Moscou.*
- ▶ *Découvrir le Kremlin et la cathédrale Saint-Basile-le-Bienheureux.*
- ▶ *Passer une soirée au Grand Cirque de Moscou.*

Escapade à Moscou

Une ville magnifique, ancienne et nouvelle, contrastée par endroits, uniforme ailleurs. Toutes les raisons sont bonnes pour venir à Moscou, mais on s'y rend d'abord et avant tout pour contempler cet ensemble majestueux qu'est le Kremlin, créé par le génie des architectes italiens et par le travail incommensurable de maîtres artisans russes restés inconnus. En plus des nombreux monuments, musées, églises, places et jardins, la capitale russe offre une programmation culturelle exceptionnelle. Que ce soit au Bolchoï, au Maly ou encore au Grand Cirque de Moscou, on y présente plus d'une centaine de premières chaque année.

Monument aux travailleurs

Métro de Moscou

Architecture stalinienne

Itinéraire

Jour 1

Le Kremlin

Une journée entière devrait être consacrée à la découverte du Kremlin et de la place Rouge. Cet ensemble architectural comprend entre autres des musées et bâtiments dont le palais des Armures, la cathédrale de l'Annonciation, les chambres du Patriarche et le clocher d'Ivan le Grand. Également au cœur de la place Rouge, il est impossible de manquer la cathédrale Saint-Basile-le-Bienheureux, la plus connue et la plus belle de Moscou.

Jour 2

Les souterrains moscovites et la galerie Tretyakov

Partez à la découverte du métro de Moscou et de ses stations riches en ornements. Ces « palais souterrains » sont de remarquables exemples de l'art de l'époque du réalisme socialiste. En après-midi, visitez la galerie Tretyakov, dont les 62 salles renferment entre autres des peintures russes classiques des XVIIIe et XIXe siècles ainsi que des tableaux de l'avant-garde russe.

Jour 3

L'île aux Élans et le Grand Cirque de Moscou

En banlieue de la capitale, prenez un bol d'air frais à l'île aux Élans. Dans ce parc national sont protégés des bois uniques à la périphérie de Moscou, quelque 200 espèces d'oiseaux, 50 espèces de mammifères et 1 000 espèces de plantes. En fin de journée, pourquoi ne pas assister à un spectacle au Grand Cirque de Moscou sur l'avenue Vernadskogo ? Il s'agit du plus grand cirque sédentaire au monde avec ses 3 328 places. Le cirque propose un nouveau programme chaque saison et, durant les vacances de Noël, un spectacle spécial est offert aux enfants.

Jour 4

Le couvent de Novodievitchi

Visitez le couvent de Novodievitchi, situé dans un méandre de la rivière Moskova. Fondé en 1524 et pratiquement inchangé depuis, le couvent était destiné aux femmes des familles des tsars et des nobles russes. Il est, après le Kremlin, le plus remarquable ensemble d'architecture religieuse de Moscou.

Le théâtre Bolchoï

Fondé en 1776, le théâtre Bolchoï a été le lieu de nombreuses premières historiques, dont celles du célèbre ballet *Le Lac des Cygnes* de Tchaïkovski en 1877, ou encore des compositions du pianiste Rachmaninov. À la fin de 2011, après six ans de travaux de restauration, le Bolchoï a rouvert ses portes. Que ce soit pour y voir un ballet ou un opéra, le Bolchoï offre au public une représentation pratiquement tous les soirs.

42

La Russie et l'est de l'Europe

▶ **4 jours**

▶ Séjour à **Saint-Pétersbourg**

Pour qui ? Pourquoi ?

La visite de musées et de palais majestueux prend une place prépondérante au cours de ce voyage mémorable sur les abords de la mer Baltique, à la découverte des plus beaux joyaux de Saint-Pétersbourg.

Inoubliable…

▶ Voir l'ouverture des ponts sur la Neva pour laisser passer les bateaux.
▶ Assister à un opéra au théâtre Mariinsky.
▶ Passer une journée au musée de l'Ermitage.
▶ Déambuler le long des grands boulevards rectilignes.

Escapade à Saint-Pétersbourg

Qu'il est difficile de n'y rester que quelques jours ! Saint-Pétersbourg possède une quantité incalculable de palais, châteaux, jardins, musées et cathédrales à visiter. À cela s'ajoutent les marchés locaux à découvrir, la gastronomie du terroir à savourer, les bars et les restaurants branchés… L'ancienne capitale de l'Empire russe émerge aujourd'hui, après des décennies plutôt grises de régime communiste. À vous de découvrir toutes les beautés de la ville de Pierre le Grand.

Cathédrale Saint-Isaac

Pont de la Banque

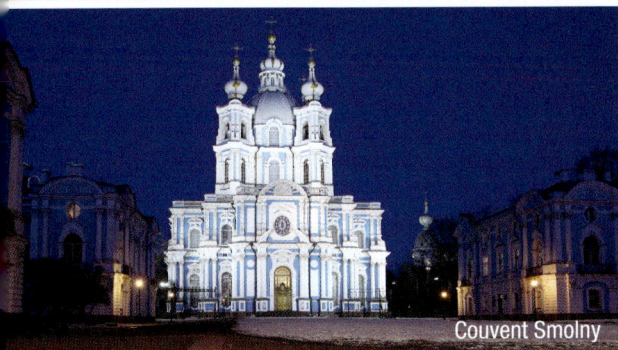
Couvent Smolny

Palais d'Hiver

Peterhof

Si vous disposez d'une journée de plus, faites une escapade à Peterhof (ou Petrodvorets), situé à 25 km du centre-ville. Autrefois résidence de campagne des tsars, l'ensemble unique du palais et des parcs est un véritable monument à l'art russe des XVIIIe et XIXe siècles. Voyez l'intérieur du Grand Palais, à la façade ocre et blanche, et le Jardin inférieur, qui amène les visiteurs à la contemplation par la beauté naturelle de ses fontaines, cascades et statues.

Itinéraire

Jour 1

Les incontournables

Commencez la journée par une visite commentée de Saint-Pétersbourg. Observez la perspective Nevski et voyez à l'ouest l'Amirauté et au nord, la place du palais d'Hiver. Entrez dans la cathédrale Pierre-et-Paul, où reposent les tombeaux des Romanov depuis Pierre le Grand. N'oubliez pas de jeter un coup d'œil du côté de la cathédrale Saint-Sauveur-sur-le-Sang-Versé, dédiée à Alexandre II.

Jour 2

Le palais Ioussoupov

Le palais Ioussoupov est probablement le plus beau palais non impérial de la ville. Anciennement la résidence principale des Ioussoupov, il est aujourd'hui célèbre pour avoir été le théâtre de l'assassinat de Raspoutine. Il abrite désormais un musée consacré au mode de vie de la noblesse russe avant la Révolution.

Jour 3

Excursion à Pouchkine 25 km

Partez en excursion à Pouchkine, à la découverte du somptueux palais Catherine. Dès votre arrivée, une balade au jardin s'impose. Puis, entrez au château et découvrez entre autres la célèbre chambre d'Ambre, anciennement couverte d'ambre véritable du sol au plafond. Abîmée lors de la Seconde Guerre mondiale, elle est aujourd'hui entièrement restaurée.

Jour 4

Musée de l'Ermitage

Visitez le musée de l'Ermitage. Situé sur les abords de la Neva, il est un des plus grands et prestigieux musées au monde. Parmi ses richesses, une collection d'œuvres de Rembrandt et un ensemble unique de pièces de la période impressionniste. En deuxième partie de journée, visitez l'église Saint-Nicolas-des-Marins, où il est possible d'assister en partie à l'office orthodoxe.

43

Cesky Krumlov, République tchèque

La Russie et l'est de l'Europe

- ▶ **11 jours**
- ▶ De **Berlin (Allemagne)** à **Prague (République tchèque)**

Pour qui ? Pourquoi ?

Un excellent survol de l'Europe de l'Est, avec la visite des grands centres culturels importants. Un circuit parfait pour un premier voyage dans cette partie de l'Europe, encore si peu visitée.

Inoubliable…

- ▶ *Voir Berlin, Budapest, Vienne et Prague, les grandes capitales de l'est, au cours d'un même voyage.*
- ▶ *Découvrir les bains thermaux à Budapest.*
- ▶ *Pénétrer dans les appartements impériaux de la Hofburg à Vienne.*
- ▶ *Assister à l'un des nombreux festivals musicaux de Cracovie.*

Au cœur de l'Europe de l'Est

Un voyage au cœur du romantisme, mais aussi un appel au souvenir. Un itinéraire parfait entre Berlin et Prague où chaque escale proposée a été réfléchie et étudiée. Découvrez entres autres Dresde, cette ville d'art et de culture surnommée la « Florence de l'Elbe ». Puis, en Hongrie, au cœur de paysages majestueux, voyez Budapest, la « perle de l'Est », avec ses palais royaux, ses églises gothiques et ses maisons baroques. Et finalement, terminez à Prague, où à l'ombre de son château, il vous est possible de revivre 10 siècles d'histoire et de culture en flânant dans les ruelles pittoresques et animées.

Au cœur de l'Europe de l'Est

Dresde, Allemagne

Votre guide : Eva Dvorakova (voir p. 200)

Son coup de cœur : Prague

J'ai l'immense privilège de vivre dans l'une des plus belles villes du monde : Prague. Il est difficile d'identifier comme « coup de cœur » un seul endroit ou une seule attraction à Prague ; il faut voir la ville comme un ensemble homogène demeuré presque intact depuis des siècles. Et pourtant, quand je suis fatiguée, quand j'ai besoin de repos et que je veux être seule, je me dirige vers le quartier du Petit Côté près du pont Charles. C'est un lieu magique, rempli de charme, d'une beauté particulière, un lieu qui caresse mon âme. En observant les façades des palais, en me promenant dans les jardins silencieux, en jetant un coup d'œil dans les petites cours romantiques, je sais que je ne pourrais jamais vivre dans une autre ville.

Wroclaw, Pologne

Itinéraire

Jour 1

Berlin – Meissen – Dresde 230 km

Après vous être posé rapidement à Berlin, faites route vers la Saxe et ses villes culturelles et historiques. En chemin, prenez une pause à Meissen dans la vallée de l'Elbe, village célèbre pour sa porcelaine. Offrez-vous la visite guidée incluant le château d'Albrechtsburg, puis poursuivez votre route en direction de Dresde.

Jour 2

Dresde

Malgré les graves destructions qu'elle a subies au cours de la Seconde Guerre mondiale, Dresde a pu conserver la plupart de ses monuments ou les reconstruire à l'identique. Baladez-vous dans le quartier de Neustadt et voyez le nouvel hôtel de ville et le centre historique avec l'église Notre-Dame.

Jour 3

Dresde – Wroclaw 285 km

Aujourd'hui, pénétrez en Pologne et découvrez Wroclaw, capitale de la Basse-Silésie. Parmi les monuments historiques qui subsistent malgré les énormes destructions de la Seconde Guerre mondiale, voyez l'hôtel de ville de style gothique tardif et l'édifice monumental de l'université, de style baroque.

Jour 4

Wroclaw – Czestochowa – Cracovie 410 km

Départ pour Czestochowa, lieu de pèlerinage. Visitez la fameuse basilique monastique Notre-Dame. Édifiée au XVe siècle, elle abrite le tableau miraculeux de la Vierge noire. Poussez votre chemin en fin de journée jusqu'à Cracovie.

Jour 5

Cracovie – Budapest 400 km

Malgré le fait qu'elle ne soit que la deuxième ville en importance de Pologne, Cracovie est considérée comme le véritable centre culturel du pays. Visitez le château du Wawel, l'église Notre-Dame et la basilique Sainte-Marie, laquelle renferme un merveilleux retable en bois de tilleul. Si vous optez pour une promenade à la place du Marché, n'oubliez pas de jeter un coup d'œil sur certains immeubles dont le palais Jabłonowskich et le palais Pod Baranami. Départ en fin de journée pour Budapest.

43

Opéra de Vienne, Autriche

Prague, République tchèque

La Russie et l'est de l'Europe

Jour 6
Budapest

En matinée, offrez-vous une visite guidée de Budapest, la capitale hongroise. Voyez Buda, la vieille cité sur la rive droite du Danube, l'église Matthias et le Bastion des pêcheurs. Ensuite, découvrez Pest sur la rive gauche du fleuve, la place des Héros et la basilique Saint-Étienne.

Jour 7
Budapest – Bratislava – Vienne
280 km

Aujourd'hui, suivez la courbe du Danube jusqu'à la Slovaquie et sa capitale, Bratislava. Visitez à pied la vieille ville dominée par le château, la cathédrale Saint-Martin et le vieil hôtel de ville. Puis, en après-midi, faites route vers Vienne, capitale de l'ancienne monarchie austro-hongroise.

Les thermes Széchenyi de Budapest

Dès les années 1930, Budapest devient officiellement une ville thermale en raison de la riche concentration en minéraux de ses thermes. Au centre de la capitale, les thermes Széchenyi se classent parmi les plus grands établissements thermaux d'Europe. Aujourd'hui, ses nombreux bassins, construits à la Belle Époque, font la joie du grand public. Sa grande piscine de natation ainsi que ses différents bassins de détente ont été restaurés au cours des dernières années. Un passage à Budapest ne peut être complet sans un passage à la piscine !

Au cœur de l'Europe de l'Est — 43

Budapest, Hongrie

Bratislava, Slovaquie

Cracovie, Pologne

Jour 8
Vienne

Promenez-vous le long de la Ringstrasse, ce boulevard circulaire bordé de monuments somptueux comme l'opéra et les musées des beaux-arts et d'histoire naturelle, puis optez pour une visite commentée du magnifique quartier de la Hofburg, palais impérial et résidence d'hiver de l'empereur François Joseph et de l'impératrice Sissi.

Jour 9
Vienne – Cesky Krumlov 280 km

En matinée, entrez au château de Schönbrunn, ancienne résidence d'été de la cour impériale. Puis, en après-midi, reprenez la route vers le bourg médiéval de Cesky Krumlov, l'une des plus belles villes de la République tchèque, inscrite au patrimoine mondial de l'UNESCO.

Jour 10
Cesky Krumlov – Prague 180 km

C'est à pied que vous visiterez la vieille ville de Cesky Krumlov et son imposant château, un des plus importants édifices fondés par les Vitkovici. Faites ensuite route vers Prague, par la vallée de la Vltava, à travers les paysages bucoliques de la Bohême.

Jour 11
Prague

Accompagné d'un guide de ville, découvrez tous les secrets de la vieille ville et de la nouvelle ville. Voyez le quartier juif, la place Wenceslas et l'avenue Na Příkopě, appelée parfois « les Champs-Élysées de Prague ». Découvrez également Hradcany, où se trouve le château de Prague, inscrit au patrimoine mondial de l'UNESCO.

La République tchèque à la carte

République tchèque

Capitale **Prague**

Langue officielle **tchèque**

Religion **catholicisme (25%)**

La Pologne à la carte

République de Pologne

Capitale **Varsovie**

Langue officielle **polonais**

Religion **catholicisme (95%)**

La Slovaquie à la carte

République slovaque

Capitale **Bratislava**

Langue officielle **slovaque**

Religion **catholicisme (65%)**

44

▶ **4 jours**
▶ Séjour à **Prague**

Pour qui ? Pourquoi ?

Malgré le fait qu'elle soit millénaire, Prague séduit surtout les amateurs de la Belle Époque par sa riche littérature, son architecture et sa peinture avant-gardiste. Une ville à visiter pour ses musées, ses monuments et son ambiance festive.

Inoubliable…

- *Découvrir le quartier juif et son cimetière où repose la dépouille de Franz Kafka.*
- *Profiter des superbes stations thermales de Karlovy Vary.*
- *Se procurer des jouets de bois ou de merveilleuses marionnettes au marché Havelská.*
- *Admirer des œuvres d'arts décoratifs et de design en visitant le musée qui leur est consacré.*

Escapade à Prague

Prague fait rêver depuis toujours. La beauté de son architecture et de son mobilier urbain ne laisse personne indifférent. Faite de contrastes étonnants, cette ville marie à merveille l'ancien et le nouveau. Cafés littéraires, brasseries centenaires, boîtes de jazz et bars marginaux… Prague est la ville aux mille possibilités. Partez flâner sur les bords de la Vltava, découvrez le château et la vieille ville, ou prenez le car pour découvrir les magnifiques stations thermales des alentours. Une escale royale pour esthètes avertis !

La Russie et l'est de l'Europe

Horloge astronomique

Festival international du film de Karlovy Vary

La ville thermale de Karlovy Vary n'est pas seulement connue pour l'incroyable qualité de ses eaux ! En effet, depuis 1946 s'y tient annuellement un festival de cinéma de la même envergure que celui de Cannes, Berlin ou même Venise. Le Festival international du film de Karlovy Vary, point de ralliement de quelque 125 000 amoureux du septième art, présente chaque année plus de 200 films de toutes provenances. Un beau rendez-vous à ne pas manquer, si vous avez la chance de passer par la capitale tchèque au début du mois de juillet !

Itinéraire

Jour 1
Le château

Découvrez d'abord Prague par son château. Il a longtemps été le siège des rois et princes de Bohême, mais il est depuis 1918 le siège du président de la République. Offrez-vous une visite commentée qui vous donnera l'occasion d'en apprendre davantage sur les différents bâtiments et dépendances appartenant au château, entres autres l'église Saint-Georges, l'ancien palais royal et la charmante ruelle d'Or. En fin de journée, jetez un coup d'œil sur les hôtels particuliers de la rue Nerudova, où la lumière est magnifique une fois les réverbères allumés.

Jour 2
La vieille ville et la nouvelle ville

C'est à pied que vous approfondirez votre visite de Prague : empruntez l'ancienne Voie royale à travers la place de la Vieille-Ville et partez à la rencontre de Josefov, le quartier juif de Prague. Voyez la place Wenceslas et l'avenue Na Příkopě, surnommée «Les Champs-Élysées de Prague». Prenez le pouls de la ville au populaire marché Havelská sans manquer de voir, évidemment, le célèbre pont Charles, véritable symbole de la ville.

Jour 3
Excursion à Karlovy Vary 120 km

Située à seulement une centaine de kilomètres de la capitale tchèque, la ville de Karlovy Vary vaut véritablement une visite. Cette magnifique station thermale est historiquement célèbre pour ses sources d'eau chaude. Le légendaire Grand Hotel Pupp, datant du XVIIIe siècle, mérite aussi un arrêt pour y prendre un verre en fin de journée et se détendre dans son spa.

Jour 4
Excursion à Cesky Krumlov 360 km

Aujourd'hui, partez en excursion à Cesky Krumlov, l'une des plus belles villes de Bohême. Voyez cette ville médiévale et son château, deuxième en taille après celui de Prague, ainsi que son centre historique remarquablement conservé et classé au patrimoine mondial de l'UNESCO.

45

Château de Peles, Roumanie

- **12 jours**
- De **Sofia (Bulgarie)** à **Budapest (Hongrie)**

La Russie et l'est de l'Europe

Pour qui ? Pourquoi ?

Ce voyage s'adresse à ceux et celles qui souhaitent découvrir des facettes inédites et différentes de cette Europe qui ne cesse de nous démontrer son incroyable richesse historique et culturelle.

Inoubliable…

- Pénétrer dans le mythique château de Bran, datant du XIIIe siècle.
- S'étendre sur l'une des plus belles plages de la mer Noire, celle de Varna, au sable blanc.
- Prendre un verre de tuica, un apéritif à base d'alcool de prune, à la table d'une brasserie à Bucarest.
- Découvrir les fascinants monastères orthodoxes de Bucovine.

La Bulgarie, la Roumanie et la Hongrie

Coincés entre l'Europe centrale et les Balkans, la Hongrie, la Roumanie et la Bulgarie dévoilent une histoire culturelle où l'on retrouve des fragments des empires austro-hongrois et ottoman ou plus vieux encore, des vestiges romains ou thraces. Des villes magnifiques perdues dans les Carpates, des paysages verdoyants, des châteaux forts, des bergeries éparpillées dans les vallons de la Bucovine ; voilà un voyage à la hauteur de vos rêves d'enfant. À certains endroits, on se croirait à une autre époque, comme si le temps s'était arrêté. Pourtant, les grandes capitales de l'Est n'ont jamais été aussi dynamiques et modernes. À vous de les découvrir…

La Bulgarie, la Roumanie et la Hongrie

45

Monastère de Sucevita, Roumanie

Palais du Parlement, Bucarest, Roumanie

Votre guide : Eva Dvorakova (voir p. 200)

Son coup de cœur :
Le marché aux puces d'Ecseri

Ce que j'apprécie particulièrement en Europe de l'Est, c'est de chiner aux puces ! Bien entendu, il est possible de le faire partout en Europe et ailleurs, mais les marchés aux puces et brocantes des pays anciennement situés derrière le rideau de fer comptent un nombre incalculable de curiosités ! J'aime tout particulièrement celui d'Ecseri, à Budapest, car en plus de proposer tableaux, antiquités de toute sorte et vêtements de toute époque, il compte un nombre important d'articles sortant tout droit de l'Art nouveau et de l'Art déco. Ravissant !

Itinéraire

Jour 1
Sofia – Plovdiv 156 km

En matinée, découvrez la capitale bulgare. Pénétrez dans la cathédrale Alexandre Nevski, symbole de l'indépendance bulgare, et l'église rotonde Saint-Georges, bel exemple d'architecture du Xe siècle. En après-midi, prenez la route vers Plovdiv.

Jour 2
Plovdiv

Plovdiv, deuxième ville en importance de Bulgarie, que l'on dit antérieure à Rome et Athènes, daterait de l'époque de Troie. Voyez son théâtre romain et son ensemble architectural du XIXe siècle, « La vieille Plovdiv ».

Jour 3
Plovdiv – Veliko Tărnovo 215 km

Débutez la journée par la visite de la vieille ville de Veliko Tărnovo, majestueuse et florissante capitale du Second Empire bulgare. Découvrez les magnifiques maisons des commerçants et artisans qui s'y installèrent aux XVIIIe et XIXe siècles.

Jour 4
Veliko Tărnovo – Varna 221 km

En matinée, découvrez « la perle de la mer Noire ». Magnifique station balnéaire, Varna est à son apogée en été, alors que les touristes s'y rendent pour profiter de la plage.

Jour 5
Varna – Bucarest 226 km

À Bucarest, découvrez l'église de la Patriarchie, bâtie en 1657, et l'église Stavropoléos, véritable joyau de l'architecture orthodoxe roumaine. Visitez également le Musée du village, situé dans le parc Herăstrău, où sont rassemblés de merveilleux exemples d'architecture et d'art populaire provenant de toutes les régions de Roumanie.

Jour 6
Sinaia – Braşov 172 km

En route vers Braşov, faites une pause à Sinaia pour découvrir le monastère et le fabuleux château de Peles, résidence d'été des rois de Roumanie. Prenez ensuite le chemin à travers les Carpates et poussez votre route jusqu'à Bran, qui abrite le célèbre château médiéval de Bran, inspiré en partie par le

La Russie et l'est de l'Europe

45

Sofia, Bulgarie

Plovdiv, Bulgarie

Château de Bran, Roumanie

Sighişoara, Roumanie

La Russie et l'est de l'Europe

personnage Dracula. Rejoignez la région de Braşov en soirée.

Jour 7
Agapia – Bucovine
414 km

Départ pour Agapia et visite de l'un des plus grands monastères de Roumanie. Enchaînez ensuite avec la visite du monastère de Voronet, également appelé « la Chapelle Sixtine de l'Orient », avec son extraordinaire fresque du *Jugement dernier*.

Jour 8
Tour des monastères peints de la Bucovine
430 km

Découvrez les fascinants monastères orthodoxes de Bucovine, inscrits au patrimoine de l'humanité de l'UNESCO, avec leurs églises entièrement recouvertes de fresques. Visitez les monastères de Moldovita et de Sucevita. En après-midi, rejoignez Marginea afin de visiter les ateliers de poterie noire.

Jour 9
Sighişoara – Sibiu 460 km

Prenez la route tôt ce matin à travers les Carpates en direction de la Transylvanie en passant par le col de Bârgău. Poursuivez par Bistrita et Târgu Mureş afin de rejoindre Sighişoara, reconnue comme la ville médiévale la mieux préservée d'Europe et la ville natale de Vlad l'Empaleur, dit Dracula. Faites le tour de la citadelle médiévale, puis reprenez la route en fin de journée vers Sibiu.

Jour 10
Sibiu – Sibiel – Arad
289 km

Visitez à pied la ville médiévale de Sibiu, l'une des plus intéressantes villes de Transylvanie. Poursuivez en faisant une excursion à Sibiel, ce village typique blotti entre les collines, afin de découvrir sa

La Bulgarie, la Roumanie et la Hongrie 45

Budapest, Hongrie

collection d'icônes sur verre. En après-midi, départ pour Arad, située près de la frontière hongroise.

Jours 11 et 12

Budapest 349 km

Prenez la route pour la Hongrie afin d'atteindre Budapest. Consacrez les deux dernières journées à la découverte de la capitale hongroise. Voyez entre autres le Bastion des pêcheurs, la citadelle et l'église Matthias ou offrez-vous un moment de détente aux bains Gellért, adjacents à l'hôtel du même nom.

La Hongrie à la carte

Hongrie
Capitale **Budapest**
Langue officielle **hongrois**
Religion **christianisme**
Un artiste **le célèbre compositeur Franz Liszt**

Un plat **le *goulash*, une soupe à base de viande, de légumes et d'aromates, dont l'inévitable paprika !**
Un air de musique **les *Rhapsodies hongroises* de Franz Liszt**

La Roumanie à la carte

République de Roumanie
Capitale **Bucarest**
Langue officielle **roumain**
Religion **christianisme orthodoxe (84 %) ; protestantisme (7 %) ; catholicisme (6 %)**
Un artiste **Emil Cioran, philosophe et écrivain**

Un plat **le *pască*, une pâtisserie traditionnelle faite de fromage frais, crème fraîche, jaunes d'œufs, raisins secs et sucre. Il est indispensable au repas du dimanche de Pâques.**

La Bulgarie à la carte

République de Bulgarie
Capitale **Sofia**
Langue officielle **bulgare**
Religion **christianisme orthodoxe**
Un plat **le *tarator*, une soupe froide à base de yaourt, concombre et aneth**

Un artiste **Elias Canetti, écrivain, Prix Nobel de littérature 1981**
Un air de musique ***Kalimankou Denkou* du chœur Le mystère des voix bulgares**

46

Varsovie, Pologne

La Russie et l'est de l'Europe

- **11 jours**
- De **Varsovie (Pologne)** à **Tallinn (Estonie)**

Pour qui ? Pourquoi ?

Un voyage axé sur la beauté des paysages nordiques et des immenses étendues sylvestres. Riches en architecture baroque, rococo et Art nouveau, les pays baltes séduiront aussi les amateurs d'art public.

Inoubliable…

- Visiter le château royal de Varsovie.
- Monter la colline des Croix à Šiauliai.
- Observer la beauté des paysages maritimes du golfe de Rīga.
- Découvrir les capitales baltes que sont Tallinn, Riga et Vilnius.

La Pologne et les pays baltes

À vous de découvrir ces pays situés anciennement derrière le « rideau de fer » mais désormais ouverts au tourisme et faisant partie intégrante de la nouvelle Europe. La Pologne et les pays baltes savent charmer le visiteur, aussi bien par leur grande richesse culturelle à l'influence russe et scandinave que par l'accueil chaleureux de leurs habitants.

La Pologne et les pays baltes

Girouettes à Klaïpeda, Lituanie

Votre guide : Eva Dvorakova (voir p. 200)

Son coup de cœur :
L'île de Saaremaa

Les pays baltes sont souvent oubliés lors d'un passage en Europe. Pourtant il s'agit d'un coin que j'adore et que je privilégie. La courtoisie des habitants, la richesse de l'histoire et, surtout, la force et le dynamisme qu'apporte la mer Baltique sur ces petits territoires font des pays baltes un endroit de choix pour passer ses vacances. Entre autres, l'île de Saaremaa, au large de l'Estonie, a conservé ses vieilles clôtures de pierre, ses moulins à vent et son dialecte d'antan. En plus de sentir bon le genévrier, c'est ici qu'on a la chance de déguster une bière locale qu'il est impossible de trouver ailleurs. C'est un secret bien gardé !

Itinéraire

Jour 1
Varsovie

Faites un tour panoramique de la capitale polonaise, presque rayée de la carte durant la Seconde Guerre mondiale. La promenade à travers la vieille ville vous fera découvrir la colonne du roi Sigismond, la cathédrale Saint-Jean et la grande place du Marché. Ne manquez pas aussi de visiter les grands appartements du château royal.

Jour 2
Varsovie – Gierloz – Ryn 240 km

Au pays des mille lacs, découvrez Swieta Lipka, monastère, lieu de culte marial et chef-d'œuvre du baroque local. Ses grandes orgues exceptionnelles valent une audition. Visitez également le quartier général d'Adolf Hitler à Gierloz, où eut lieu le 20 juillet 1944 le célèbre attentat manqué contre le Führer mené par le comte Von Stauffenberg. En soirée, poussez votre chemin jusqu'à Ryn.

Jour 3
Ryn – Wigry 128 km

Faites route vers le parc national de Wigry, magnifique avec ses petits lacs blottis dans la forêt, entourés de tourbières. Voyez également sur place l'ancienne abbaye de Camaldules, merveilleusement intégrée au paysage de lacs et forêts.

Jour 4
Wigry – Vilnius 200 km

Le quartier historique de Vilnius impressionne avec les vestiges de son château médiéval, ses nombreuses chapelles et ses églises baroques. Ne manquez pas de pousser la porte de la tour de Gediminas, dont les origines remontent à 1316.

Jour 5
Vilnius – Kaunas – Klaipėda 320 km

Découvrez le riche patrimoine historique de Kaunas, où se mêlent les styles gothique et Renaissance. Enchaînez avec la visite de Klaipėda, située sur le bord de la mer Baltique. Ville animée, Klaipėda est également un important port de mer.

Jour 6
Klaipėda – Šiauliai – Rundale 253 km

Quatrième ville de Lituanie, Šiauliai est un important centre industriel. Visitez la colline des Croix, un site unique au monde où les pèlerins viennent du monde entier planter

46

Parc national de Wigry, Pologne

Vilnius, Lituanie

Tallinn, Estonie

La Russie et l'est de l'Europe

des croix en souvenir de leurs êtres chers. Poursuivez votre route vers Rundale et visitez son château, l'un des monuments exceptionnels de l'art du baroque et du rococo en Lettonie.

Jour 7
Rundale – Rīga 80 km

Au cœur de la capitale lettone, découvrez entre autres le palais de Rīga, la place du Dôme, l'église Saint-Pierre et la place de la Mairie. Puis sortez du centre-ville et rendez-vous au Musée d'ethnographie, situé en plein air sur les berges du pittoresque lac Jugla, au cœur d'une forêt de pins.

Jour 8
Rīga – Sigulda – Cēsis 95 km

Départ en matinée pour Sigulda, charmante petite ville aux allures bucoliques, devenue une station de sports d'hiver à la mode. Puis

La maison de Thomas Mann à Nida

Non loin de Klaipėda, la petite ville de Nida en Lituanie vaut le détour. En plus de posséder le site remarquable de la dune de Parnidis, seconde plus haute d'Europe après la dune du Pilat, en France, elle est connue pour avoir accueilli Thomas Mann et les siens durant les étés de 1930 à 1932. À la suite de la Seconde Guerre mondiale et de l'exil forcé de l'écrivain, la maison est laissée dans un terrible état d'abandon. Aujourd'hui restaurée, concerts, lectures et conférences s'y tiennent régulièrement, mais elle demeure surtout un lieu de souvenir et de mémoire où l'on peut se familiariser avec la vie et l'œuvre du célèbre auteur allemand.

Kuressaare, Estonie

Colline des Croix, Šiauliai, Lituanie

Riga, Lettonie

continuez votre route vers Cēsis, où vous pourrez visiter la ville et son château datant du XIIIe siècle.

Jour 9
Cēsis – Pärnu – Kuressaare 330 km

Entrez en Estonie et faites une pause à Pärnu, station balnéaire du sud du pays. Ancienne ville hanséatique, elle est également une ville de cure puisqu'elle fait partie de l'Association des villes d'eau européennes. Reprenez ensuite la route jusqu'à Virtsu, pour prendre le traversier qui vous mènera à l'île de Saaremaa.

Jour 10
Kuressaare

Durant votre visite de l'île de Saaremaa, observez les paysages de moulins à vent, les prairies de genévriers et les villages pittoresques. Ici furent édifiées quelques-unes des premières églises des pays baltes. Visitez ensuite Kuressaare, dont les bâtiments du centre-ville sont des joyaux du néoclassicisme. Jetez un coup d'œil sur le château médiéval des chevaliers teutons, le seul des pays baltes qui soit conservé dans son intégralité.

Jour 11
Kuressaare – Tallinn 215 km

À Tallinn, il faut absolument voir la vieille ville parfaitement conservée datant du Moyen Âge, la cathédrale orthodoxe Alexandre Nevski et les anciennes murailles de la forteresse. En après-midi, entrez au palais de Kadriorg, où sont exposées des collections d'art estonien et étranger.

Les pays baltes à la carte

Estonie (République d'Estonie)
Capitale **Tallinn**
Langue officielle **estonien**
Religion **luthéranisme**

Lettonie (République de Lettonie)
Capitale **Riga**
Langue officielle **letton**
Religions **luthéranisme, christianisme orthodoxe**

Lituanie (République de Lituanie)
Capitale **Vilnius**
Langue officielle **lituanien**
Religion **catholicisme**

Paysage d'Islande

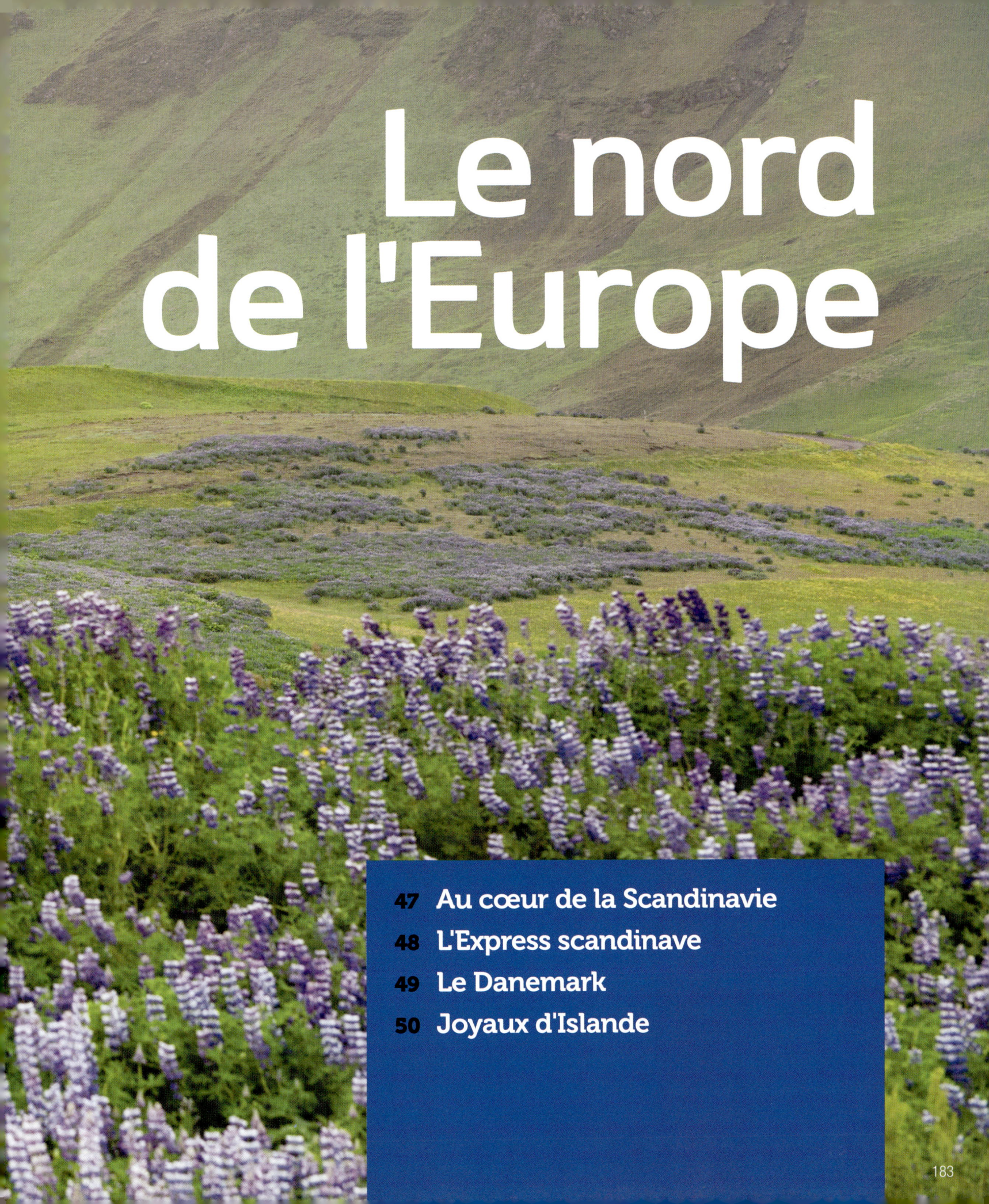

Le nord de l'Europe

47 Au cœur de la Scandinavie
48 L'Express scandinave
49 Le Danemark
50 Joyaux d'Islande

47 Le nord de l'Europe

Geirangerfjord, Norvège

- **12 jours**
- De **Copenhague (Danemark)** à **Oslo (Norvège)**

Pour qui ? Pourquoi ?

Voilà le voyage idéal pour les amoureux des grands espaces, puisqu'une grande partie du séjour se déroule au cœur des impressionnants glaciers norvégiens.

Inoubliable…

- Découvrir les capitales scandinaves que sont Copenhague, Stockholm et Oslo.
- Visiter le château de Drottningholm sur l'île de Lovön, tout près de Stockholm.
- S'offrir une croisière sur le magnifique Sognefjord, le plus profond des fjords scandinaves.

Au cœur de la Scandinavie

La Scandinavie préserve quelques-uns des paysages parmi les plus prestigieux et les plus marquants qui soient. La beauté unique de ses fjords découpés et des hauts plateaux sauvages de la Norvège centrale aux glaciers immenses, la magie de sa lumière qui annonce le soleil de minuit et la riche histoire de son passé viking en font une destination originale et absolument unique.

Au cœur de la Scandinavie

Stockholm, Suède

Château de Kronborg, Helsingør, Danemark

Votre guide : Florence Galinier (voir p. 201)

Son coup de cœur : L'histoire des Vikings

J'éprouve une véritable passion pour la fascinante histoire des Vikings, pirates pour les uns, grands marins pour les autres, qui en leur temps sillonnèrent notamment les fjords du sud et du nord de la Norvège. Au sud, il faut d'ailleurs se laisser surprendre par le royaume des fjords sauvages d'où partirent les Vikings pour conquérir le monde. Près de la ville d'Oslo, la visite du Musée des bateaux vikings n'est rien de moins qu'incontournable. Il abrite des navires vikings découverts lors de fouilles archéologiques réalisées au tout début du XXe siècle, et qui comptent parmi les mieux préservés au monde. Un fantastique voyage dans le temps !

Itinéraire

Jours 1 et 2
Copenhague

Profitez d'abord de la capitale danoise ! Partez à la découverte de l'hôtel de ville, du palais d'Amalienborg et de la statue de *la Petite Sirène*. Puis allez flâner dans le vieux port très animé ou le long de la populaire artère piétonne Strøget. Dans le quartier anticonformiste de Christiania, vous trouverez un singulier mélange de maisons à l'architecture originale, de galeries d'art, de salles de spectacle et de petits restaurants, le tout dans un cadre très naturel.

Jour 3
Copenhague – Värnamo 220 km

Départ pour Helsingør, où vous pourrez visiter le fameux château de Kronborg, rendu célèbre par *Hamlet*, tragédie de Shakespeare, puis prenez le traversier jusqu'en Suède.

Jour 4
Värnamo – Stockholm 395 km

En matinée, prenez la route en direction de Stockholm. À l'arrivée, offrez-vous une visite commentée de cette ville bâtie sur une succession d'îles qui en font l'une des plus belles capitales européennes. Découvrez la vieille ville et ses pittoresques ruelles, entrez au musée Vasa et passez par l'hôtel de ville où sont remis chaque année les prix Nobel.

Jour 5
Stockholm

Consacrez la matinée à une excursion en bateau vers l'île de Lovön, où trône le château de Drottningholm, somptueuse résidence privée de la famille royale suédoise. Visitez les appartements officiels, sans oublier de jeter un coup d'œil sur les superbes jardins.

Jour 6
Stockholm – Sigtuna – Uppsala – Mora 330 km

Faites d'abord route vers le village de Sigtuna, première capitale de Suède. Puis poursuivez ensuite votre chemin vers Uppsala, célèbre pour son université, et découvrez la cathédrale, la Domkyrkan, l'une des plus grandes du pays. En fin de journée, rejoignez enfin Mora, région du père Noël.

Jour 7
Mora – Lillehammer – Vinstra 410 km

Entrez en Norvège et dirigez-vous vers Lillehammer, ville hôte des Jeux olympiques d'hiver de 1994. Promenez-vous au milieu des

47

Bergen, Norvège

Lac Tyrifjord, Norvège

Plateau de Hardangervidda, Norvège

Le nord de l'Europe

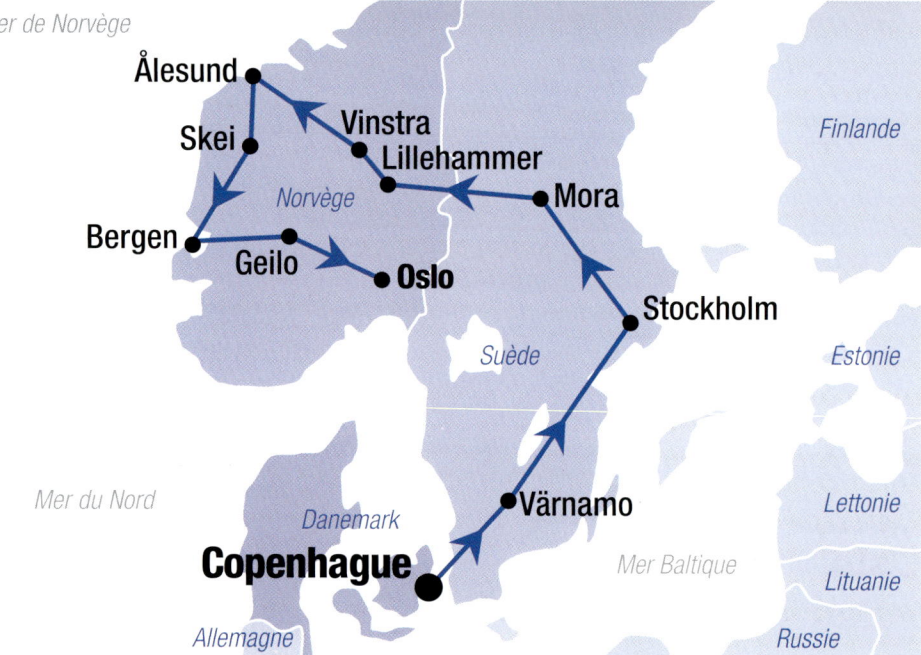

bâtiments sportifs et autres tremplins olympiques. Terminez la journée dans la région de Vinstra.

Jour 8

Vinstra – Geiranger – Ålesund 400 km

Ce matin, prenez la route des montagnes de Grotli jusqu'à Geiranger, l'une des plus belles destinations norvégiennes selon certains. Embarquez-vous pour une croisière sur le Geirangerfjord, la « perle des Fjords ». Débarquez à Ålesund, un charmant petit port qui, après avoir été détruit par un incendie, fut reconstruit dans le style Art nouveau.

Jour 9

Ålesund – Gudvangen – Skei 211 km

Embarquez-vous aujourd'hui pour une croisière sur le magnifique Sognefjord,

Alfred Nobel

Malgré ce que l'on pourrait croire, le Suédois Alfred Nobel est au départ un chimiste industriel et fabricant d'armes. C'est à lui que revient l'invention de la dynamite, qui permit un progrès considérable dans le domaine de la chimie. À sa mort, il laisse une fortune de 32 millions de couronnes provenant de son invention. Avec cet argent, son dernier testament demande que soit créée une institution qui se chargera de récompenser chaque année des personnes qui ont rendu de grands services à l'humanité, permettant ainsi une avancée remarquable dans les domaines du savoir et de la culture.

Au cœur de la Scandinavie

Sognefjord, Norvège

le plus profond des fjords scandinaves, jusqu'à Gudvangen. Rentrez à Skei le soir venu.

Jour 10
Skei – Bergen 210 km

Découverte de Bergen, la plus célèbre ville de Norvège, ancienne capitale de la Norvège viking dotée d'un quartier hanséatique aujourd'hui classé au patrimoine mondial de l'UNESCO. Voyez le marché aux poissons et les maisons de bois qui servaient d'entrepôts aux commerçants de jadis.

Jour 11
Bergen – Geilo 250 km

Aujourd'hui, commencez par un arrêt à la cascade de Steindalsfossen, puis longez cette région riche en arbres fruitiers avant d'atteindre Kvandal. Traversez ensuite le plateau désertique de Hardangervidda jusqu'à Geilo, célèbre station de ski.

Jour 12
Geilo – Hønefoss – Oslo 250 km

Faites route vers Hønefoss en suivant les rives du grand lac Tyrifjord. Rejoignez ainsi Oslo et offrez-vous la visite commentée de la capitale norvégienne. Voyez le tremplin de saut à ski de Holmenkollen, les drakkars du Musée des bateaux vikings, le parc de sculptures de Vigeland et le vaisseau polaire Fram.

Danemark (Royaume du Danemark)

Capitale Copenhague
Langue officielle danois
Religion luthéranisme (90%)

Norvège (Royaume de Norvège)

Capitale Oslo
Langue officielle norvégien
Religion luthéranisme (90%)

Suède (Royaume de Suède)

Capitale Stockholm
Langue officielle suédois
Religion luthéranisme (85%)

48

Parc du Tivoli, Copenhague, Danemark

- **8 jours**
- De **Copenhague (Danemark)** à **Stockholm (Suède)**

Le nord de l'Europe

Pour qui ? Pourquoi ?

Ce séjour est tout désigné pour ceux qui souhaitent découvrir le côté urbain de la Scandinavie. Vous y découvrirez les trois grandes capitales nordiques, à l'atmosphère vivante et effervescente.

Inoubliable…

- Prendre un repas au très réputé restaurant Grøften, au cœur du parc Tivoli, à Copenhague.
- Faire la traversée nocturne entre Copenhague et Oslo.
- Admirer les œuvres du peintre norvégien Edvard Munch à la Galerie nationale d'Oslo.
- Parcourir les ruelles sinueuses du quartier Gamla Stan à Stockholm.

L'Express scandinave

La réputation des villes scandinaves n'est plus à faire ! En plus de jouir d'une qualité de vie exceptionnelle, chaque ville regorge d'activités, de musées et d'histoire. Également très axée sur la famille, la Scandinavie sait recevoir aussi bien les petits que les grands. Partout, au restaurant, au musée et même en vélo, tout est également pensé à hauteur d'enfants ! Ici, la nature se mélange à la ville sans que l'on sache vraiment où la limite se situe. On passe au vert et on découvre tout à pied ou à vélo. Même dans le centre-ville de chaque capitale, il est possible de se baigner à même le port, tellement l'eau et l'environnement y sont préservés. Un voyage parfait pour les amateurs de nature et de culture !

Parc Frogner, Oslo, Norvège

Métro de Stockholm, Suède

Fjord d'Oslo, Norvège

Itinéraire

Jours 1 et 2

Copenhague

Rien de plus facile que de louer et d'enfourcher un vélo dans cette ville où la bicyclette est le moyen le plus rapide pour se déplacer. Sur votre route, jetez un coup d'œil sur l'hôtel de ville, sur le palais d'Amalienborg et, bien entendu, sur *la Petite Sirène*, située au Langelinje Pier. Il vous faut absolument flâner dans la populaire artère piétonne qu'est la Stroget ou dans le vieux port très animé. En soirée, un repas au cœur du parc Tivoli, dans le très réputé restaurant Grøften, s'impose.

Jour 3

Copenhague – Oslo

Passez la matinée dans le quartier libre de Christiania, fondé en 1971 par un groupe de hippies qui y ont développé leurs propres lois, écartant celles du gouvernement danois. Rapidement, le quartier est devenu un endroit où il est facile de consommer et d'acheter des drogues douces. Même si, avec les années, le gouvernement a encadré et nettoyé quelque peu le quartier, Christiania demeure unique en son genre. On peut y entrer librement, et des visites commentées sont également possibles. Le quartier est un mélange singulier de maisons à l'architecture originale, d'ateliers d'artisans, de galeries d'art, de salles de spectacle et de petits restaurants, le tout dans un cadre très naturel. En fin de journée, transfert au port et embarquement pour la traversée nocturne de Copenhague à Oslo.

Jour 4

Oslo

Au cœur de la capitale norvégienne, visitez le parc Frogner, parsemé des fameuses sculptures en bronze et granit de Gustave Vigeland, ainsi que le Musée des bateaux vikings abritant trois drakkars découverts dans le fjord d'Oslo. Passez également par la Galerie nationale, dont l'exposition permanente propose des peintures et sculptures d'artistes norvégiens et internationaux du XIXe siècle à aujourd'hui et fait la belle part aux œuvres maîtresses du peintre d'origine norvégienne Edvard Munch.

Jour 5

Oslo – Stockholm

Ce matin, partez vous balader sur la célèbre rue Karl Johans, flanquée par le théâtre national et l'université. Au bout se trouve le Palais royal, qu'il est également possible de visiter. Puis allez vous promener du côté de Grünerløkka, ancien quartier ouvrier complètement réaménagé, aux cafés, restaurants et bars branchés. Les boutiques du quartier plairont également aux amateurs d'objets vintage et d'occasion. En après-midi, embarquement à bord d'un train en direction de Stockholm.

48

Quartier de Christiania, Copenhague, Danemark

Relève de la garde à Stockholm, Suède

Hôtel de ville d'Oslo, Norvège

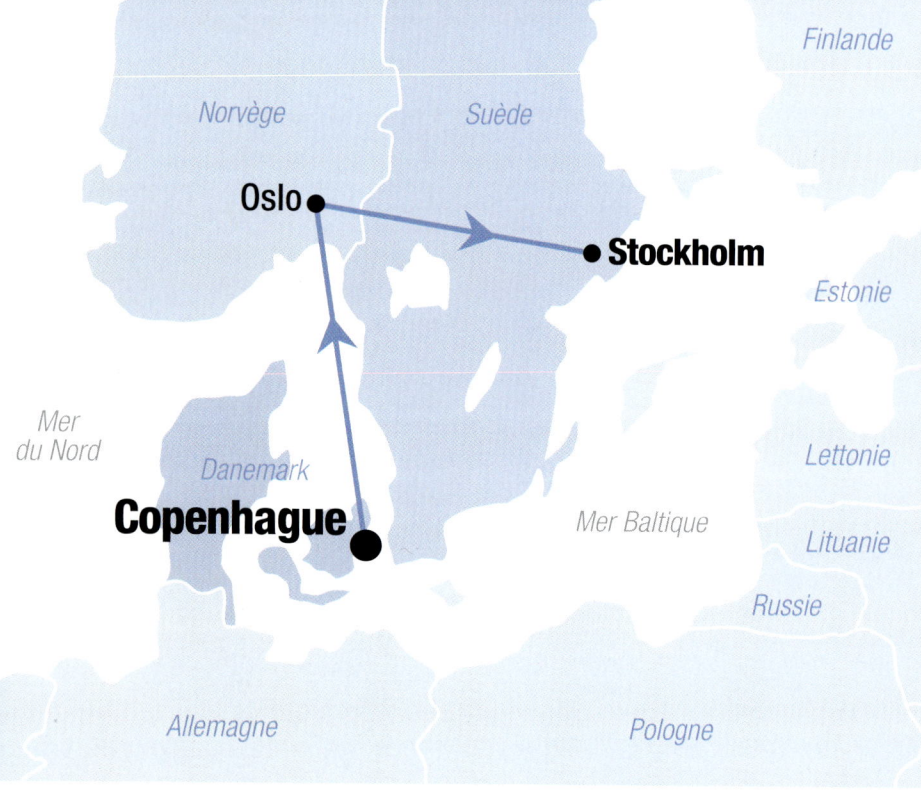

Le nord de l'Europe

Jours 6 à 8
Stockholm

C'est à pied que l'on visite cette capitale royale, édifiée majestueusement sur 14 îles et îlots. Tout d'abord, partez à la découverte de Gamla Stan, la vieille ville de Stockholm, débordante d'attraits touristiques, de restaurants, de cafés, de bars et de commerces d'arts décoratifs et de design. Les ruelles étroites et sinueuses, où seuls les piétons et cyclistes sont admis, sont bordées d'immeubles aux couleurs jaunes et roses… Le coup d'œil est magnifique. Prenez également une journée pour visiter le majestueux Stadthuset, l'hôtel de ville installé sur les rives du lac Mälaren, lequel possède une magnifique salle dont les murs sont entièrement habillés d'or. Aussi, pourquoi ne pas faire une promenade en bateau à travers l'archipel qui vous donnera une tout autre perspective ou encore vous rendre sur l'île de Djurgarden afin d'y visiter le célèbre musée Vasa ou le Musée nordique ? Le choix ne manque pas !

L'Express scandinave 48

Quartier de Gamla Stan, Stockholm

Le musée Vasa de Stockholm

Le musée Vasa (Vasamuseet) est un musée maritime situé à Stockholm. Il abrite un authentique navire de guerre, le *Vasa*, comportant plus de 64 canons. Le 10 août 1628, venant tout juste d'être construit et mis à l'eau dans le port de Stockholm, le navire vacille sous une bourrasque de vent et se couche sur son flanc laissant ainsi l'eau s'engouffrer par les sabords ouverts. Ce n'est qu'en 1961 que le bateau est finalement sorti de l'eau. Plusieurs travaux de préservation ont été nécessaires pour le conserver dans son état d'origine et éviter la décomposition au contact de l'air. Le musée Vasa est aujourd'hui le musée le plus visité de Scandinavie.

Le nord de l'Europe

49

- **7 jours**
- Boucle au départ de **Copenhague**

Pour qui ? Pourquoi ?

Pour plusieurs, le Danemark est associé aux Vikings, aux contes de fées et au design. Sachez qu'ils n'ont pas tort ! Mais le pays est également très prisé par les familles en quête de vacances qui sauront combler les attentes de chacun !

Inoubliable…

- *Faire du vélo dans les rues de Copenhague.*
- *Savourer un repas au Noma, l'un des meilleurs restaurants au monde, situé au cœur de la capitale.*
- *Découvrir la maison de Hans Christian Andersen à Odense.*
- *Visiter le magnifique château de Kronborg, toile de fond du Hamlet de Shakespeare.*

Le Danemark

Le Danemark est composé d'îles et d'îlots, de falaises et de plages interminables, de parcs nationaux et de sites historiques. De plus, la lumière fascinante dans laquelle baigne le pays lui donne une atmosphère toute particulière. Venez visiter ce pays particulièrement accueillant, avec ses superbes musées, ses châteaux datant de la Renaissance, sa capitale dynamique et familiale et ses chaumières parsemées ici et là dans un paysage verdoyant. Il n'est pas étonnant que le conteur Hans Christian Andersen en ait été inspiré pour ses célèbres contes de fées…

Le nord de l'Europe

Le Danemark

La Petite Sirène dans le port de Copenhague

Château de Frederiksborg

Votre guide : Florence Galinier *(voir p. 201)*

Son coup de cœur : Copenhague à vélo

Ce que j'apprécie le plus au Danemark, et particulièrement à Copenhague, c'est de pouvoir me déplacer uniquement à vélo ! Malgré le fait que la capitale danoise dispose depuis une dizaine d'années d'un métro tout neuf, j'adore louer un vélo et parcourir tous les quartiers de la ville. On apprécie ainsi toute la beauté de l'architecture scandinave, on se déplace au rythme de ses habitants, on vit carrément dans le mobilier urbain de cette ville au charme fou. Été comme hiver, les pistes cyclables sont nettoyées et disposées à recevoir des milliers d'utilisateurs. Rares sont les villes aussi bien organisées et adaptées aux cyclistes !

Itinéraire

Jours 1 et 2

Copenhague

Abordez la capitale du Danemark par une promenade à Slotsholmen, le centre historique de la ville, où trône le château de Rosenborg Slot, érigé au XVIe siècle. Sa très belle architecture, inspirée par la Renaissance hollandaise, n'est pas son unique attrait puisqu'il abrite aussi une superbe collection de tapisseries et de mobiliers rares. Aussi, prenez le temps de découvrir Nyhavn, un quartier plein de charme avec son canal bordé de vieilles maisons. Visitez la Ny Carlsberg Glyptotek, ce musée fondé par le brasseur Carl Jacobsen, qui y a investi une partie de sa fortune dans l'achat d'œuvres d'art. Il installa ses œuvres majeures avec les collections d'art antique, dans un bâtiment aux proportions de temple grec agrémenté d'un jardin d'hiver, en plein cœur de Copenhague. Rendez-vous également au Musée national, qui brosse le portrait du Danemark de la préhistoire à nos jours.

Jour 3

Copenhague – Roskilde – Fåborg
193 km

Roskilde, ancienne capitale du Danemark, possède une cathédrale, bâtie en briques rouges, qui consacra le style gothique en Scandinavie. Véritable mausolée, cet édifice abrite 38 tombeaux de souverains danois. À voir également, le Musée des bateaux vikings, lequel présente cinq navires vikings découverts en 1962 près de Roskilde. En après-midi, rejoignez l'île de Fionie, surnommée « le jardin du Danemark », et découvrez le célèbre château Renaissance d'Egeskov, parfaitement conservé. En fin de journée, poussez votre route vers Fåborg, charmante cité danoise offrant un agréable bord de mer.

Jour 4

Fåborg – Odense – Kolding 112 km

Atteignez ce matin Odense, capitale de l'île de Fionie et carrefour du Danemark. Partez découvrir les différents quartiers de la ville, avant de rejoindre le centre historique. Visitez également le musée en plein air de Funen, créé en 1942 et composé

Le nord de l'Europe

49

Aarhus

Roskilde

Maison de Hans Christian Andersen, Odense

Château de Kronborg

Le nord de l'Europe

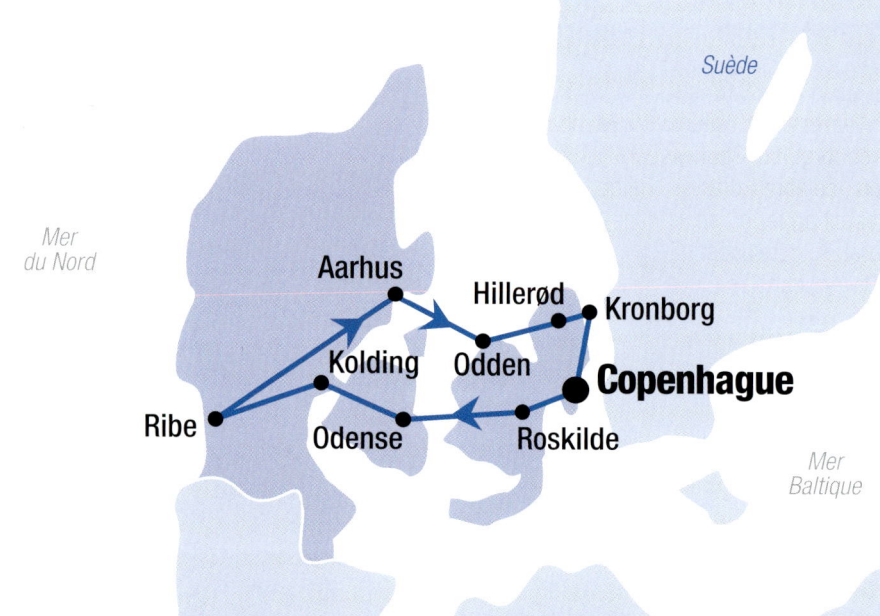

d'une vingtaine de constructions rurales des XVIIIe et XIXe siècles. Puis faites route vers Kolding.

Jour 5

Kolding – Ribe 60 km

Située au fond du fjord du même nom, la ville de Kolding s'est développée à l'abri du château de Koldinghus. Elle abrite d'importantes collections d'artisanat et d'arts décoratifs, de la Renaissance à nos jours. Ne manquez pas de visiter la chapelle, dont l'unique décor consiste en un magnifique jeu de lumière. En après-midi, partez en direction de Ribe, célèbre cité médiévale du Danemark. Sa cathédrale, de style roman, est un imposant édifice à cinq nefs conservant notamment un remarquable portail sculpté. Tout autour de ce sanctuaire s'étend la vieille ville, avec ses rues pavées bordées de maisons des XVe et XVIe siècles.

Le Danemark

Quartier de Nyhavn, Copenhague

Jour 6
Ribe – Aarhus 153 km

Sa situation stratégique fit d'Aarhus une importante cité viking. Découvrez son musée en plein air, le Den Gamle By, qui évoque à merveille la vie urbaine aux XVIIe, XVIIIe et XIXe siècles grâce à ses nombreux bâtiments anciens reconstitués, notamment des maisons, des ateliers, des commerces et un théâtre. Puis, visitez le Musée des beaux-arts, dont les collections illustrent l'art danois du XVIIIe siècle à nos jours.

Jour 7
Aarhus – Odden – Hillerød – Kronborg – Copenhague 221 km

En début de matinée, prenez le traversier à partir d'Aarhus jusqu'à Odden. Poursuivez ensuite vers Hillerød, où vous découvrirez le château de Frederiksborg, qui s'étend sur trois petites îles. Érigé aux XVIe et XVIIe siècles, ce superbe palais accueillit jusqu'en 1848 les monarques danois. En après-midi, découvrez le château de Kronborg, où Shakespeare situa *Hamlet*, son célèbre drame. Retour ensuite à Copenhague, où se termine votre voyage : suivez la côte ouest connue sous le nom de « Riviera danoise », qui mène directement à la capitale.

Le Danemark à la carte

Royaume du Danemark

Capitale Copenhague

Langue officielle danois

Religion luthéranisme

Un plat un classique, le *smørrebrød*, lequel consiste en une tranche de pain (*brød*) beurrée (*smør*), à laquelle on ajoute une garniture (*pålæg*) au choix (viande, poisson, fromage, légumes…)

Un artiste le cinéaste Lars von Trier

Un ouvrage littéraire un des célèbres contes de Hans Christian Andersen

50

Chute de Seljalandsfoss

- **7 jours**
- Boucle au départ de **Reykjavik**

Pour qui ? Pourquoi ?

À la recherche de la destination parfaite pour les randonneurs, d'un parcours en pleine nature ou d'un voyage au grand air ? L'Islande offre probablement certains des plus beaux paysages au monde. De plus, les espèces d'oiseaux endémiques raviront les amateurs d'ornithologie.

Inoubliable…

- Admirer les magnifiques volcans, cascades et champs de lave du pays.
- Découvrir les villes dynamiques de Reykjavik et d'Akureyri.
- Visiter le musée du volcan Eyjafjallajökull, pour tout savoir sur l'histoire spectaculaire du volcanisme en Islande.

Joyaux d'Islande

Pays de feu et de glace, l'Islande vous invite à venir découvrir ses paysages grandioses : des falaises abruptes aux geysers fumants, des fjords majestueux aux petits villages de pêcheurs bucoliques, des nombreuses cascades au Blue Lagoon, vous serez charmé par la beauté qui s'offre à vous, ainsi que par l'accueil chaleureux que les Islandais vous témoigneront.

Le nord de l'Europe

Joyaux d'Islande

50

Vallée géothermique de Haukadalur

Votre guide : Florence Galinier *(voir p. 201)*

Son coup de cœur :
Une nature spectaculaire

L'Islande impressionne par la force de sa nature. Les chutes, cascades, geysers et volcans sont tous et chacun des plus majestueux. Nulle part ailleurs on ne retrouve une telle concentration d'éléments naturels aussi spectaculaires qu'en Islande. Ici, la nature nous échappe. Je m'y sens si petit, vulnérable à tout évènement que l'île veuille bien faire naître ou ressurgir. Les chutes de Goðafoss, la chute de Seljalandsfoss ou la vision du volcan Eyjafjallajökull me rendent contemplatif et modeste.

Volcan Eyjafjallajökull

Itinéraire

Jour 1

Reykjavik

Le nom de Reykjavik, capitale de l'Islande, signifie « la baie des fumées ». Faites une visite commentée et découvrez entre autres le Parlement, la Maison du gouvernement et la Hallgrimskirkja, la plus grande église d'Islande dominant la ville avec sa tour de 73 m de haut.

Jour 2

Reykjavik – Thingvellir – Fludir
145 km

Ce matin, partez explorer le parc national de Thingvellir, où se trouve le plus grand lac du pays. Inscrit au patrimoine mondial de l'UNESCO, il est particulièrement cher aux Islandais d'un point de vue historique et symbolique. Les Islandais s'y réunissaient il y a plusieurs siècles afin de débattre sur les questions les plus importantes du pays, et c'est dans ce véritable amphithéâtre naturel que l'Althing, considéré comme le plus vieux parlement d'Europe, fut créé en l'an 930. Enchaînez par la traversée de la vallée géothermique de Haukadalur, où vous aurez la chance d'assister à l'étonnant phénomène naturel des geysers, ces impressionnantes sources d'eau chaude qui jaillissent de la terre et dont le jet peut atteindre plusieurs mètres de haut. Terminez votre journée à Fludir, où vous arriverez en début de soirée.

Jour 3

Fludir – Cap Dyrhólaey – Kirkjubæjarklaustur
230 km

Commencez votre journée par la découverte de la chute d'eau de Seljalandsfoss, haute de 65 m. Il est possible de passer derrière le rideau d'eau ; l'angle de vue et les résonances sur les parois sont alors surprenants. Continuez avec la visite du musée du volcan Eyjafjallajökull, consacré à l'histoire spectaculaire du volcanisme en Islande. En après-midi, départ pour le cap Dyrhólaey, pointe la plus méridionale de l'Islande marquée par ses falaises abruptes. Enfin, poussez votre route jusqu'à Kirkjubæjarklaustur, où se termine votre journée.

Jour 4

Kirkjubæjarklaustur – Jökulsárlón – Egilsstaðir 440 km

Ce matin, prenez la route à travers le désert sablonneux jusqu'au glacier de Jökulsárlón, qui offre un paysage polaire fascinant. Puis, poursuivez par la découverte de Höfn, un village de pêcheurs situé dans les fjords

Le nord de l'Europe

Chutes de Goðafoss

Reykjavik

Glacier de Jökulsárlón

Le nord de l'Europe

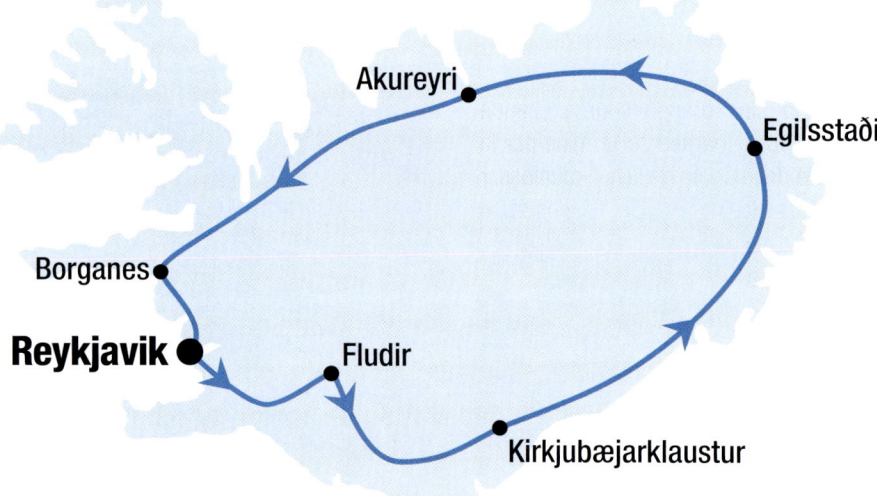
Océan Atlantique

orientaux appartenant géologiquement aux parties les plus vieilles de l'Islande. Terminez votre journée à Egilsstaðir en passant par une route parsemée de vallées profondes et de hauts fjords.

Jour 5

Egilsstaðir – Mývatn – Akureyri
265 km

En matinée, rejoignez le lac Mývatn, une des perles de la nature de l'Islande, par la région montagneuse de Möðrudalur. Observez la végétation luxuriante et les nombreuses espèces d'oiseaux, dont certaines ne se trouvent nulle part ailleurs. Reprenez ensuite la route vers Akureyri avec arrêt à Goðafoss, parmi les chutes les plus spectaculaires d'Islande.

Joyaux d'Islande 50

Parc national de Thingvellir

Jour 6

Akureyri – Skagafjörður – Borganes 300 km

Débutez votre journée par une visite commentée d'Akureyri, où vous aurez la chance de découvrir la cathédrale et le port. À proximité de la ville, Skagafjörður abrite un musée qui présente l'habitat traditionnel des Islandais au fil des siècles. Sur la route vers Borganes, profitez de la vue qu'offre l'impressionnant canyon de Kolugljufur.

Jour 7

Borganes – Reykjavik 100 km

Départ pour Deildartunguhver afin de découvrir la plus grande source chaude du monde. Votre journée se termine par la découverte de la chute de lave Hraunfossar et Barnafoss, la « cascade des enfants ». En début de soirée, prenez la route pour rejoindre Reykjavik.

L'Islande à la carte

République d'Islande

Capitale Reykjavik

Langue officielle islandais

Religion évangélisme luthérien

Un plat une assiette de *harðfiskur* (poisson séché) et du *skyr* au dessert (fromage blanc local)

Un artiste l'écrivain Halldór Laxness a obtenu le prix Nobel de la littérature en 1955

Un air de musique la pièce *Ágætis byrjun* du groupe Sigur Rós

Quelques guides accompagnateurs

Les itinéraires décrits dans ce livre ont été conçus grâce à l'expertise des membres de l'équipe du voyagiste Tours Chanteclerc. Parmi ceux-ci, certains guides accompagnateurs vous ont fait part de leurs coups de cœur personnels au fil des pages. Nous vous présentons ici quelques-uns d'entre eux.

Jean-Jacques Aubertin

Ancien professeur d'allemand, j'ai souvent accompagné mes élèves en Bavière et en Hesse. À présent, j'ai le bonheur de faire des tours complets d'Allemagne. Mes amis prétendent que je suis devenu un spécialiste de ce pays. Il m'arrive pourtant régulièrement de partir en reconnaissance et de découvrir un coin qui m'était jusque-là inconnu. La surprise est fréquemment au rendez-vous : elle tient généralement à la diversité des paysages, mais aussi à des mentalités distinctes entre la mer du Nord et les Alpes, le Rhin et les frontières de l'Est.

Anne Benaki

Je suis née et j'ai grandi à Athènes. Voulant partager ma passion pour mon beau pays, j'ai décidé de m'inscrire à l'École des Guides, et depuis maintenant 12 ans, je travaille à temps plein à faire découvrir les splendeurs de la Grèce, travail que j'apprécie chaque jour! J'aime rencontrer de nouvelles personnes de différents endroits, en leur montrant ma belle ville et les régions du pays. Par son histoire, sa culture et son peuple accueillant, la Grèce vous charmera!

Anne Bondue

J'habite la Belgique, un pays essentiellement bilingue. Je suis née en Flandre (au nord) et j'ai fait mes études en langue néerlandaise, mais à la maison, par contre, nous parlions le français. On ne peut plus Belge! Après avoir parcouru l'Europe et l'Australie en tant que guide pendant 6 ans, j'ai choisi à présent de rester plus près de chez moi et de faire découvrir la Belgique et les Pays-Bas aux visiteurs étrangers.

Eva Dvorakova

Je travaille dans le domaine du tourisme depuis plus de 20 ans… et pourtant, j'aime mon boulot comme au tout premier jour. J'adore le contact avec les gens qui m'enrichissent, qui ouvrent mon esprit, qui me motivent et me poussent à toujours faire mieux. J'ai la chance de vivre dans l'une des plus belles villes du monde, Prague, et la faire découvrir aux visiteurs me remplit de joie.

Florence Galinier

Animer, commenter, partager mes connaissances linguistiques et culturelles, voilà une partie de mes compétences que je mets au service des voyageurs francophones pour des tours en Scandinavie. Fascinée et émerveillée à chaque voyage, j'ai étudié le norvégien pour être plus proche du pays et de ses habitants. J'éprouve également une véritable passion pour la culture et l'histoire des Vikings.

Bernard Hahusseau

Faut-il dire 25 ans ou bien un quart de siècle au service des voyageurs ?… 25 ans à sillonner l'Europe du nord au sud avec, toujours, le même plaisir partagé, le même étonnement devant l'enthousiasme de nos voyageurs… 25 ans au cours desquels, si les voyages ont raccourci, leur nombre et les destinations visitées ont augmenté, et leurs formes se sont diversifiées. Et, inévitablement, lorsque arrive le printemps, j'ai des fourmis dans les jambes et je vis chaque année la même impatience dans l'attente du premier groupe…

Danielle Oddera

Fille d'un père italien et d'une mère française installés à Marseille, elle vint en 1960 rejoindre à Montréal à l'âge de 18 ans sa sœur Clairette, qui y avait une boîte à chanson. Ce fut le début de sa carrière d'interprète de la chanson. Attirée aussi par le tourisme, elle en fit son métier permanent en 1997 pour Tours Chanteclerc.

Valerie Plisko

Née en 1970 à Nice, en France, je suis guide pour les voyageurs francophones désireux de découvrir la côte Adriatique et les Balkans. Pour moi, accompagner un groupe, c'est lui faire découvrir le pays, mais aussi attirer son attention sur des faits souvent méconnus et lui faire part d'anecdotes et de légendes locales.

Harry Goetschi

Suisse de naissance et de cœur, ce sportif devenu Canadien au milieu des années 1970 commence ses activités touristiques dans le tourisme réceptif suisse et italien. En 1995, il se convertit à l'accompagnement de touristes canadiens vers les trois régions suisses, soit francophone, germanique et italienne, dont il maîtrisait si bien la langue. Il guide notamment des groupes dans l'itinéraire baptisé la « Mosaïque suisse ».

Roberto Medile

Italien séduit par les voyages et la francophonie, il est chanteur à bord d'un bateau de croisière lorsqu'il rencontre Danielle Oddera, jeune artiste et collègue. Ils ne se quitteront plus. Il mènera au Québec une fructueuse carrière de chanteur et d'acteur. Son attirance pour guider les touristes dans son pays d'origine remonte au début des années 1990.

Fabrizio Pagliaroli

Né en 1967, je suis Italien et je travaille depuis plus de 15 ans comme guide accompagnateur. J'ai fait des études en langues étrangères et linguistique à l'Université de Rome et j'ai une passion pour les langues (j'en parle six couramment). J'adore le voyage, cette métaphore de la vie, et la communication. J'aime partager mes connaissances avec ceux qui voyagent avec moi, tout en en apprenant sur leur propre culture.

Patrick Simard

L'appel du Vieux Continent s'est produit en 1994, et tout débuta à Madrid, au cœur de l'Espagne. Originaire de la ville de Québec et ayant étudié à l'Université de Montréal aux HEC, mon goût pour l'aventure et le dépassement fut à l'origine de mon parcours personnel et professionnel. Des études en histoire sont par la suite venues se greffer à mon goût incessant de découvrir et de faire vivre aux voyageurs des moments uniques. Énergie positive, patience, connaissance et joie de vivre constituent autant de facettes de ma personnalité, qui n'ont toutes qu'un seul but : construire et partager des moments de bonheur.

Crédits photographiques

par ordre d'apparition, de gauche à droite et de bas en haut

p. 3 © Dreamstime.com/Riverlim ; p. 6-7 © Dreamstime.com/Beatrice Preve ; p. 8-9 © Dreamstime.com/Naël_pictures ; p. 10-11 © Dreamstime.com/Luboslav Tiles ; p. 12-13 © Philippe Renault/Hémis. **1 Un grand tour de France** © iStockphoto.com/Nicholas Roemmelt ; © Philippe Renault/Hémis ; © Dreamstime.com/Fabrizio Argonauto ; © Philippe Renault/Hémis ; © Dreamstime.com/Raphael Danilouo, Nikolay Dimitrov, Mihai-bogdan Lazar. **2 La Champagne, l'Alsace et la Bourgogne** © Dreamstime.com/David Espin, Flaviu Boerescu ; © Philippe Renault/Hémis ; © Dreamstime.com/Ivhtg, Emanuele Leoni, Richard Semik, Martin Gerner. **3 Le Grand Ouest** © Philippe Renault/Hémis ; © Dreamstime.com/Topdeq, Salnino ; © Philippe Renault/Hémis ; © iStockphoto.com/Duncan Walker ; © Dreamstime.com/Topdeq. **4 La Provence et la Côte d'Azur** © Dreamstime.com/Beatrice Preve, Venenitin Kraskov ; © Philippe Renault/Hémis ; © Claude Morneau ; © Dreamstime.com/Elena Elisseeva ; © Philippe Renault/Hémis ; © Dreamstime.com/Tramontana ; © Philippe Renault/Hémis. **5 Le sud-ouest de la France et Barcelone** © Dreamstime.com/Anibal Trejo, Enrico Cerlone, Robert Paul Van Beets, Javarman ; © iStockphoto.com/Ivan Bastien ; © Dreamstime.com/Xc, Ldambies, Photosaurus. **6 La Corse** © Dreamstime.com/Bensliman Hassan, Robert Lerich ; © iStockphoto.com/Boris Buschardt. **7 Les vignobles de France** © Dreamstime.com/Eyewave, Jacquespalut, Musat Christian, Daviomartyr ; © Philippe Renault/Hémis ; © Dreamstime.com/Jose I. Soto, Alex.trefilov, Gynane. **8 Escapade à Paris** © Claude Morneau ; © Philippe Renault/Hémis. **9 Le sud de la France au fil de l'eau** © iStockphoto.com/Lucyna Koch ; © Dreamstime.com/Pierre-Jean Durieu, Natursports, Andreas Karelias ; © Philippe Renault/Hémis ; © Dreamstime.com/Richard Semik, Gkuna, Mihai-bogdan Lazar. p. 46-47 © Dreamstime.com/Reptilian Sorin. **10 L'Italie classique** © Claude Morneau ; © Dreamstime.com/Neil, harrison, akurla ; © Marc Rigole ; © Dreamstime.com/Mala15, Ron Summers ; © Marc Rigole ; © Dreamstime.com/Francesco Riccardo Iacomino. **11 Saveurs d'Italie et le Ticino** © Dreamstime.com/Mauro77photo ; © Philippe Renault/Hémis ; © Dreamstime.com/Justin Black, Gkphoto, Laulras81, Nikolaos Koumaris. **12 L'Italie du Sud et la Sicile** © iStockphoto.com/Jennifer Barrow ; © Dreamstime.com/Richard Gogh ; © Claude Morneau ; © Philippe Renault/Hémis ; © Dreamstime.com/Alessandro070 ; © Marc Rigole ; © Philippe Renault/Hémis ; © iStockphoto.com/Simone Becchetti. **13 La Sardaigne** © Dreamstime.com/Lobs2, Diego Vito Cervo, Fausto Oppizzi ; © Marc Rigole ; © Dreamstime.com/Miroslav Hasch ; © Marc Rigole. p. 64-65 © Dreamstime.com/Serban Enache. **15 Un grand tour de Grèce** © Dreamstime.com/Nikolai Sorokin, Elpis Ioannidis ; © iStockphoto.com/Brianna May ; © Dreamstime.com/Katerinalin, Fotofred ; © iStockphoto.com/Brianna May ; © Claude Morneau ; © iStockphoto.com/Arpad Benedek. **16 La Grèce d'île en île** © iStockphoto.com/mbbirdy ; © Dreamstime.com/Roman Rodionov ; © iStockphoto.com/murat çeliker ; © Dreamstime.com/Laszlo Halasi, Olivier Meerson, Cherbi ; © Claude Morneau ; © Dreamstime.com/Alasdairboyle. **17 La côte Adriatique** © Dreamstime.com/Frank11, Phant, Europhotos, Dalibor Brlek, Gella, Alexey Stroganov. **18 À la découverte des Balkans** © Dreamstime.com/Mervli, Almina Kurtovic, Mikhail Markovskiy, Branko Grujic, Dimitar Gorgev ; © Dreamstime.com/Davor Lovincic ; © Dreamstime.com/Macsim, Indurango. p. 82-83 **19 Un grand tour d'Espagne** © Dreamstime.com/Neirfy, Aladin66 ; © Claude Morneau ; © Dreamstime.com/Luzav10, Bbsrisov, Tupungato, Adreslebedev, Richard Semik. **20 Un grand tour du Portugal** © Dreamstime.com/Doctorkan ; © Philippe Renault/Hémis ; © Dreamstime.com/Diamantis Seitanidis, Carlos Caetano, Datascot55 ; © Philippe Renault/Hémis ; © Claude Morneau ; © Philippe Renault/Hémis. **21 L'Andalousie** © Dreamstime.com/Montserrat Fernández Tamayo, Lunamarina, Serban Enache, Grytsaj, Sabrina Dyihaly, Luis Manuel Tapia Bolivar, Marionob, Arenaphotouk, Matej Kastelic, Michael Corrigan. **22 De Barcelone à Málaga** © Philippe Renault/Hémis ; © iStockphoto.com/eva serrabassa ; © Dreamstime.com/Martin Garnham. **23 Escapade à Barcelone** © Dreamstime.com/Ollirg, Roland Nagy, Serban Enache ; © Marc Rigole. **24 Escapade à Madrid** © Dreamstime.com/Sergey Kelin, Victor Pelaez Torres, Lunamarina, Ashige. p. 102-103 © iStockphoto.com/Franz-Marc Frei, Yeseman. **25 Mosaïque suisse** © Dreamstime.com/Pglbowicz, Dejan Gileski, Xdrew, Luca Chieriano, Mihai-bogdan Lazar, Tatiana Fedulova, Christa Eder, Sutaracher. **26 Un grand tour d'Autriche** © Dreamstime.com/Aladin66, Jakatics ; © iStockphoto.com/Carsten Madsen ; © Dreamstime.com/Digitalpress, Nalila Schwarz ; © iStockphoto.com/Andreas Resch ; © Dreamstime.com/Tomasz Jabłoński, Marian Garai, Europhotos. **27 Escapade à Vienne** © Dreamstime.com/Nikonaft ; © Marc Rigole ; © iStockphoto.com/traveler1116 ; © Dreamstime.com/Arnoklv. **28 Un grand tour d'Allemagne** © Dreamstime.com/Hiro1775, David Kay, Berlininfo, Tverkhovinets ; © iStockphoto.com/clubfoto ; © Dreamstime.com/Stoncton Fuzzi ; © iStockphoto.com/olu ; © Dreamstime.com/Zuboff. **29 Escapade à Berlin** © Dreamstime.com/Luciano Morula, Dmitry424, Sonja Gehnke, David Harding, Spumador. **30 Le Rhin romantique** © Dreamstime.com/Europhotos, Lianem, Europhotos, Loro77, Snake81, Philippehalle, Europhotos. **31 Merveilleuse vallée du Danube** © Dreamstime.com/Daniel Hermann, Schäffer, Tupungato, Lyudmila Stozharova, Warr1976, Gvx94, Dario Bajurin, Pirotnikov, Ventura69, Pivari. p. 126-129 **32 Un grand tour des Pays-Bas et de la Belgique** © Philippe Renault/Hémis ; © Dreamstime.com/Drobm, Sadaka, Aula ; © Philippe Renault/Hémis ; © Dreamstime.com/Dario Angelova, Rob Christiaans, James Janisse ; © Dreamstime.com/Horst Gerlach ; © Dreamstime.com/Drobm, Europhotos, Georgios Alexandris ; © iStockphoto.com/Aline Pharr ; © Dreamstime.com/Horst Gerlach, Brightly. **33 Escapade à Bruxelles** © Dreamstime.com/Tiergus, Dutchscenery, Semirkhademi, Luciano Morula. p. 138-139 **34 Escapade à Amsterdam** © Dreamstime.com/Andrew Roland, Tomas Marek, Quentin Bargate, Goorick, Andrew Roland, Filip Fuxa, Strnad, Chris Lorenz, Winterlather. **35 L'Angleterre en fleurs** © Dreamstime.com/Elxeneize, Josemaria Toscano, Andreas Weber ; © Philippe Renault/Hémis ; © Dreamstime.com/Davide Mazzoran ; © iStockphoto.com/John Woodworth. **36 Verte Irlande** © Dreamstime.com/Michael Watsh, Tamirlibadze, Patryk Kosmider ; © Dreamstime.com/Richard Semik, Ann Steer ; © Dreamstime.com/Philip Gray, Losicar, Mossel, Lorna, Grahambraid ; © iStockphoto.com/Martin McCarthy ; © Dreamstime.com/Vichaya Kiatying-angsulee ; © iStockphoto.com/Jaime Pharr. **37 Merveilles d'Écosse** © Dreamstime.com/Virgil Nasiencas, Konstantin32, Emin Ozkan, Chrisharvey ; © iStockphoto.com/Aleksandra Kurczman. p. 154-155 © Dreamstime.com/Vladimir71. **38 Escapade à Londres** © Dreamstime.com/Leonid Chernyshev, Zgr, Svetlana Bobrova, Daniela; Alexander Zotov, Fotograf77, Iakov Filimonov. **39 Trésors de Russie** © Dreamstime.com/Iakov Filimonov ; © iStockphoto.com/Evgeny Dontsov ; © Dreamstime.com/Aleksei Andreev ; © iStockphoto.com/Oleg Zhukov ; © Dreamstime.com/Mikhail Markovskiy, Vitaly Titov & Maria Sidelnikova. **40 La Russie par ses fleuves** © Dreamstime.com/Vera Volkova, Mikhail Markovskiy, Rikard8. **41 Escapade à Moscou** © Dreamstime.com/Rechitan Sorin, Natalia Pavlova, Pavel Losevsky, Dmitry Zamorin. **42 Escapade à Saint-Pétersbourg** © Dreamstime.com/Galina Mikhalishina, Andreygorlov ; © Marc Rigole ; © Dreamstime.com/Roman Rolkov, Posmos Janos. **43 Au cœur de l'Europe de l'Est** © Philippe Renault/Hémis ; © Dreamstime.com/Pixy2000, Christian Draghici, Quixotiosno, Chaoss ; © Philippe Renault/Hémis ; © Marc Rigole ; © Dreamstime.com/Ponte Baso ; © iStockphoto.com/Martin Dimitrov. **44 Escapade à Prague** © Philippe Renault/Hémis ; © Dreamstime.com/Pineluzzi ; © Philippe Renault/Hémis ; © Dreamstime.com/Michal Bednarek. **45 La Bulgarie, la Roumanie et la Hongrie** © Dreamstime.com/Mistralrainer, Marionob, Nebojsu Razvan, Carnoage, Tibor Arva, Milan61, Nikolay Stanev, Ionut David, Christian Draghici, Mikhail Markovskiy. **46 La Pologne et les pays baltes** © Dreamstime.com/Conopibal1, Coplandj, Alessandroh6, Mimim1 ; © Marc Rigole ; © Dreamstime.com/Kyislom, Bruno Villeneuve ; © Marc Rigole. p. 182-183 © Dreamstime.com/Ventura69. **47 Au cœur de la Scandinavie** © Dreamstime.com/Blitzkrieg, Mikhail Markovskiy, Rikka78, Giovanni Gagliardi ; © Philippe Renault/Hémis ; © Dreamstime.com/Tyler Olson, Jandirkhansen, Claire246. **48 L'Express scandinave** © Dreamstime.com/Lucian Milasan ; © Marc Rigole ; © Dreamstime.com/Antonmolov, Val Thoermer, Hasenberg85 ; © Marc Rigole ; © Dreamstime.com/Ethan Fog, Mikael Damkier ; © iStockphoto.com/Kentarcajuan. **49 Le Danemark** © Dreamstime.com/Claudynka, Richard Sharrocks, Korshunova, Jason Vosper, Socrates, Jason Vosper, Ron Zmiri, Sugarfree, Pirotnikov. **50 Joyaux d'Islande** © Dreamstime.com/Filip Fuxa, Gail Johnson, Martein Sigurdsson, Pavel Svoboda, Filip Fuxa ; © iStockphoto.com/Timothy Ball ; © Dreamstime.com/Darren Baker, Goesphere. p. 201 © Dreamstime.com/David Espin. p. 202-203 © Dreamstime.com/Europhotos. p. 206-207 © Dreamstime.com/Altezza. p. 208 © Dreamstime.com/Pirotnikov.

Bâle, Suisse

Index

Albanie
Apollonia d'Illyrie 80
Durrës 80
Tirana 80

Allemagne
Berlin 116, 118
Coblence 122
Cochem 121
Cologne 115, 121
Constance 115
Dresde 117, 169
Düsseldorf 121
Erfurt 117
Forêt-Noire 115
Fribourg 115
Hambourg 116
Heidelberg 115
Leipzig 117
Meissen 169
Munich 117
Nuremberg 125
Oberammergau 110, 115
Passau 125
Ratisbonne 125
Rüdesheim 115, 122
Weltenburg 125

Autriche
Dürstein 111
Eisenstadt 109
Graz 109
Innsbruck 110
Klagenfurt 109
Linz 125
Melk 125
Millstäter See 109
Salzbourg 110
Vienne 111, 112, 125, 171

Belgique
Anvers 131
Bruges 131
Bruxelles 131, 134
Gand 131

Bosnie-Herzégovine
Mostar 76, 81
Počitelj 76
Sarajevo 81

Bulgarie
Plovdiv 175
Sofia 175
Varna 175
Veliko Tărnovo 175

Croatie
Dubrovnik 77, 81
Korčula 77
Opatija 75
Plitvice 76
Poreč 75
Pula 75
Šibenik 76
Split 76
Zagreb 75, 79

Danemark
Aarhus 195
Copenhague 185, 189, 193
Kolding 194
Kronborg 195
Odense 193
Roskilde 193

Espagne
Alicante 97
Barcelone 85, 98
Bilbao 85
Cádiz 93
Cordoue 87, 93
Côte d'Almérie 97
Grenade 87, 94
Madrid 85, 100
Málaga 93
Région de la Rioja 85
Saragosse 85
Séville 87, 93
Valence 86, 97

Estonie
Kuressaare 181
Tallinn 181

France
Alsace 18
Arles 27, 44
Avignon 27, 43
Beaune 20, 43
Bordeaux 31, 37
Bourgogne 18, 43
Camargue 27
Carcassonne 16, 33
Cassis 28
Champagne 18
Châteaux de la Loire 16, 38
Corse 34
Côte d'Azur 26
Honfleur 25
La Rochelle 23, 37
Lourdes 31
Lyon 43
Marseille 16, 27
Mont-Saint-Michel 17, 23
Nantes 23, 38
Nice 15, 28
Paris 40
Perpignan 33
Provence 26
Saint-Malo 23
Saumur 38
Strasbourg 19, 123
Sud-ouest 30
Toulouse 33
Vignobles 36

Grèce
Athènes 67
Delos 69, 71
Delphes 67
Épidaure 67
Héraklion 73
Météores 67
Mykonos 69, 71
Olympie 67
Paros 69
Patmos 71
Rhodes 73
Santorin 68, 73
Tinos 71

Hongrie
Budapest 126, 170, 177

Irlande
Cork 145
Dublin 145
Falaises de Moher 146
Galway 146
Kilkenny 145
Limerick 146

Islande
Akureyri 198
Cap Dyrhólaey 197
Jökulsárlón 197
Mývatn 198
Reykjavik 197
Thingvellir 197

Lisbonne, Portugal

Italie

Agrigente 58
Assise 50
Capri 51
Cinque Terre 54
Côte Amalfitaine 57
Florence 50, 54
Golfe de Naples 50, 57
Lac de Garde 54
Langhe 53
Matera 57
Messine 57
Milan 49
Palerme 59
Pérouse 50
Pise 50
Portofino 53
Riviera di Levante 53
Rome 51, 62
San Gimignano 50
Sardaigne 60
Ségeste 58
Sicile 56
Siderno 57
Sienne 50
Syracuse 58
Taormine 57
Turin 53
Venise 49, 54
Vérone 49
Lac Majeur 49

Lettonie

Cēsis 180
Rīga 180

Lituanie

Kaunas 179
Klaipėda 179
Šiauliai 179
Vilnius 179

Macédoine

Ohrid 80

Monténégro

Budva 81
Kotor 81

Norvège

Ålesund 186
Bergen 187
Geiranger 186
Gudvangen 186
Oslo 187, 189

Pays-Bas

Amsterdam 121, 131, 136
Apeldoorn 133
Delft 131
Giethoorn 133
La Haye 131
Maastricht 132
Parc national de la
  Haute-Veluwe 133
Volendam 121

Pologne

Cracovie 169
Gierloz 179
Varsovie 179
Wigry 179
Wroclaw 169

Portugal

Algarve 91
Amarante 90
Coimbra 89
Covilhã 90
Évora 91
Fatima 89
Guimarães 90
Lisbonne 89
Marvão 90
Monsaraz 91
Porto 90
Sintra 89

République tchèque

Cesky Krumlov 171
Prague 171, 172

Roumanie

Agapia 176
Brașov 175
Bucarest 175
Monastères
  de Bucovine 176
Sibiu 176
Sighișoara 176
Sinaia 175

Royaume-Uni

Bath 142
Belfast 147
Birmingham 141
Cotswolds 142
Coventry 141
Écosse 148
Édimbourg 150
Glasgow 149
Glencoe 149
Île de Skye 149
Inverness 149
Londonderry 147
Londres 143, 152
Pitlochry 149
Salisbury 142
St Andrews 150
Stonehenge 142
Stratford-upon-Avon 141

Russie

Goritsy 161
Kiji 161
Moscou 157, 164
Novgorod 158
Ouglitch 161
Saint-Pétersbourg 159,
  162, 166
Souzdal 157
Yaroslavl 157, 161

Serbie

Belgrade 79

Slovaquie

Bratislava 126, 170

Slovénie

Ljubljana 75

Suède

Mora 185
Stockholm 185, 190

Suisse

Bâle 123
Berne 107
Grindelwald 106
Gruyères 105
Lucerne 107
Lugano 55, 106
Montreux 105
Saint-Gall 107
Saint-Moritz 105
Stein am Rhein 107
Zermatt 105
Zurich 107

205

Route typique de la campagne irlandaise

Sienne, Italie